新形势下高校财务管理优化策略研究

廖四维◎著

中国纺织出版社有限公司

内 容 提 要

随着高校教育事业的发展，高校的经济业务逐渐复杂、经费来源更加多元，给高校财务管理提出了严峻的挑战。为进一步完善高校经费的使用，规范高校财务管理行为，本书从新形势下高校财务管理的理论概述出发，简单阐述新形势下会计制度的变化对高校的影响，从会计核算、财务预算管理及财务人员素质等方面分析了高校财务管理存在的问题，并重点提出了新形势下高校财务管理工作的一系列优化策略，以促进高校财务管理工作的顺利进行。本书适合高校财务管理人员及财务管理专业师生阅读。

图书在版编目（CIP）数据

新形势下高校财务管理优化策略研究/廖四维著
.--北京：中国纺织出版社有限公司，2023.9
ISBN 978-7-5229-0810-6

Ⅰ.①新… Ⅱ.①廖… Ⅲ.①高等学校—财务管理—研究—中国 Ⅳ.①G647.5

中国国家版本馆CIP数据核字（2023）第143934号

责任编辑：曹炳镝　段子君　责任校对：高　涵　责任印制：储志伟

中国纺织出版社有限公司出版发行
地址：北京市朝阳区百子湾东里A407号楼　邮政编码：100124
销售电话：010—67004422　传真：010—87155801
http://www.c-textilep.com
中国纺织出版社天猫旗舰店
官方微博 http://weibo.com/2119887771
天津千鹤文化传播有限公司印刷　各地新华书店经销
2023年9月第1版第1次印刷
开本：710×1000　1/16　印张：14
字数：178千字　定价：99.00元

前言

随着社会经济的发展和高等教育的普及，高校财务管理面临着日益复杂和多样化的问题。传统的财务管理模式已经难以满足新时代的需求，因此需要我们不断探索创新，寻找适应新形势的财务管理模式。

本书第一章首先介绍了研究背景和研究综述，旨在加深读者对当前高校财务管理问题的整体认识和研究现状的了解，接着展开了概念界定和理论基础，对一些关键概念进行了明确，并介绍了相关的理论，为后续章节的讨论奠定基础。

第二章重点探讨了新形势下高校财务管理的理论框架。从我国高校财务管理的背景出发，分析了当前的问题和挑战，引出了高校开展财务管理的必要性。随后，详细阐述了新形势下高校财务管理的内容流程及目标，旨在帮助高校更好地适应和应对变化。

第三章和第四章分别聚焦于新形势下高校会计制度的变化及其影响。我们分析了会计核算模式、会计核算方式以及会计报表编制方面的变化，并深入探讨了这些变化对高校财务管理的影响，涉及会计核算难度增大、固定资产管理难度提高、财务预算管理工作复杂以及对财务人员专业素质提出更高要求等方面。

第五章对新形势下高校财务管理的问题进行了深入分析。从管理理念落后、复合型管理人才不足以及管理机制不健全等角度，揭示了当前存在的问题和挑战，为后续章节的优化策略提供了依据。

第六章着眼于新形势下高校财务管理信息化建设思路。探讨了高校财务管理信息化建设的意义、原则和策略。数字化时代，信息技术的广泛应用为高校财务管理带来了新的机遇和挑战，本章旨在指导高校如何充分利用信息化技术，提升财务管理的效率和水平，实现信息化与财务管理的有机结合。

第七章是本书的重点章节，提出了新形势下高校财务管理的优化策略。详细探讨了改良财务核算工作、清查固定资产、提高财务人员素质、加强财务预算管理以及完善财务管理保障机制等方面的策略，这些策略旨在帮助高校财务部门应对新形势下的挑战，提升财务管理的效能和效益。

本书旨在为高校财务管理人员、研究者以及相关从业人员提供有关新形势下高校财务管理的理论、实践和优化策略的参考。希望读者通过阅读本书，能够深入了解当前高校财务管理面临的问题和挑战，掌握相关的理论知识和实践经验，从而在实际工作中有效地应对新形势下的财务管理需求，提升高校财务管理水平，为高等教育事业的发展作出积极贡献。

最后，衷心感谢所有为本书提供支持和帮助的人员和机构，他们的贡献和支持是本书顺利完成的重要保障。同时，也对未能在本书中涉及的相关领域表示歉意，希望读者能够从本书中获得有益的启示和指导。

祝愿各位读者阅读愉快，希望本书能够对您在新形势下高校财务管理优化方面的研究和实践提供有益的帮助。

廖四维
2023 年 1 月

目录

第一章
导　论

第一节 研究背景和研究综述

一、研究背景

近年来，随着社会经济的快速发展和高等教育的普及，高校财务管理面临着日益复杂和多样化的挑战。高校作为教育培养和科学研究的重要场所，其财务管理的稳健与高效直接关系到教学质量、科研创新以及人才培养的水平。然而，传统的财务管理模式已经无法满足新形势下高校的需求，亟须寻找适应新环境的财务管理理论与策略。

首先，高校面临着财政投入不足的压力。随着高校规模的不断扩大，教育教学和科研需求也在不断增加，但财政拨款和学费收入并未相应增长。高校面临着教学设施更新、师资队伍建设和科研项目支持等方面的经费短缺问题，财务管理的压力日益加大。

其次，高校财务管理的风险与复杂性不断提高。高校财务管理涉及资金的筹集、使用和监督，存在资金流动性风险、投资风险、信用风险等多种风险。同时，高校在多元化经营、国际化合作、产学研结合等方面的探索也增加了财务管理的复杂性和挑战性，需要更加精细化和科学化的管理手段和方法。

再次，信息化时代对高校财务管理提出了新的要求。随着信息技术的快速发展和广泛应用，高校财务管理面临着信息化转型的迫切需求。财务信息化系统的建设和应用可以提高财务数据的准确性和时效性，实现财务管理的科学化和自动化，促进决策的科学性和有效性。因此，高校需要探索符合信息化时代要求的财务管理模式和技术应用。

最后，国家对高校财务管理的要求和监管力度也在不断加强。为提高教育教学质量、推动高等教育改革，国家出台了一系列相关政策和制度，对高校财务管理提出了更高的要求。高校需要不断适应新政策和新制度的要求，加强财务管理的规范性和透明度，确保财务资源的合理配置和有效利用。

在这样的背景下，对新形势下高校财务管理的优化策略进行深入研究具有重要意义。通过对高校财务管理的理论与实践进行分析和总结，可以揭示当前高校财务管理面临的问题和挑战，明确优化的方向和重点。同时，结合信息化技术的发展，探索财务管理的创新模式和工具，提高财务管理的效率和水平，为高校的可持续发展提供坚实的财务支持。

此外，对高校财务管理优化策略的研究还具有广泛的实践价值。高校作为培养人才和推动社会进步的重要组成部分，其财务管理的优化将直接影响教学质量、科研成果和社会效益。通过深入研究财务管理的优化策略，可以为高校财务管理部门提供科学的指导和参考，帮助其更好地解决实际问题，提升财务管理水平，为高等教育事业的发展作出积极贡献。

通过深入分析当前高校财务管理面临的问题和挑战，结合信息化技术的发展，提出科学有效的优化策略，可以促进高校财务管理水平的提升，为高校的可持续发展提供有力支撑。本研究的开展旨在填补相关研究领域的空白，为高校财务管理的理论与实践提供有益的参考和借鉴，推动高校财务管理工作的不断创新和发展。

二、国内文献综述

（一）关于高校会计核算

目前各所高校财务会计核算在发展中逐渐暴露出一些问题，很多工作中的不足显露出来。必须更进一步地分析报账难这一状况，发现切入点，才可以从根本上解决传统报账环节效率低、信息管理不完善和财务人员缺少工作热情等难题。在新形势下要逐步优化高校财务核算工作，使财务报账系统更加完善，提升财务服务水准，顺应高校财务的发展趋势。以往对高校财务核算模式的研究主要分为以下三个方面。

1. 对高校财务核算环节的研究

谢敏、黄路的观点是集中核算方式导致高校财务管理工作太过聚集，报账环境具有局限性、报销时间也太过拥挤、排队报账的人数太多，这些都会导致报账业务繁重、账务办理环节比较复杂。姜志维指出，各所高校为了标准支出，颁布了很多机制，使财务报销处处充满挑战。张润舒、刘金锋（2011）认为，在报销时有一部分级别和职称较高的人员通过手中掌握的权力，影响会计人员的正常工作，使会计人员出现了动摇心理，挫败了其工作的积极性和主动性。周淑芬认为，一部分经办人、主要负责部门以及个人等虚造凭证来偷税漏税，个别高层人员意识不坚定，强迫财务人员制造虚假，违规进行财务收支。除此之外，各种行业的发票或者收据出现了很多不标准的地方，例如排版、印刷、期限等，导致会计人员难以区分真实和虚假。林琴珍指出，在现实的工作中，有部分正规的支出在当下法律规定下没有办法列支，导致实际出现的经济业务利用其他票据列支，违反了财务核算工作的确定性、合规性和标准性。姜志维认为，财务工作中会计的监督并没有全部显露出来，导致会计的监督仅是一个摆设。

2. 对财务报销中心的流程与效率的研究

杨朝晖认为，新业务的拓宽给高校财务造成了很多困难；报销人员不固定，影响了报销业务的进行；新职工不了解财经法规要点，不利于实际工作的开展；付款途径比较滞后使得财务报账的效率不高。林慧卿认为，一旦票据手续缺失要被退回修改时，一部分报账人员出现了不满和不耐烦的情绪，可能会导致争吵，不利于财务工作的开展。如此一来，财务人员产生了畏惧困难的心理，担负的压力比较大，降低了服务的效率、丧失了工作的热情，渐渐演变为恶性循环。刘涛、张莎认为，前台各个科室部门在工作联动中较为疏远，缺乏沟通，统一性比较差，这也会降低工作效率。

通常来讲，相关的财政方针、业务处理环节会在财务部门的网站上公布，不过很多教师和学生并未认真研究这部分信息，导致其在报销时做了很多无用功，不利于工作效率的提升，提高了教职人员的时间成本，导致教师和学生出现了不满情绪，浪费了财务部门的人力资源。除此之外，还有部分数据未被及时补充，有些信息缺失，阻碍了双方间的沟通。另外，在深入研究高校报账的情况之后，我国很多研究人员给出了比较完善的方案，即研究人员应该在人员能力、部门部署、内部监管、报销环节、科学技术和报账环境等层面展开研究。针对此方面，姜志维提出三点建议：一是报销审批应做到先“民主”后汇集处理；二是报销审核贯穿在事前、事中、事后的整个过程；三是若要改善财务审批的流程，应全体互相监督。

黄路、林琴珍认为在签字的步骤中应降低“皮鞋”成本，即各个学院依据现实情况签字并进行报销，各院系独立掌握财务权利，对经费的管理实行项目负责制。可以通过减少时间成本的方式来不断提高财务报账的速率，可以充分利用分段报销的方法减少拥挤，张润舒、刘金峰借助“死线效应”，划分时间段，并给出每个时间段的截止期限。不仅要考虑内部影响要素，还要考虑宏观上的因素。如果要做到充分发挥内部效益，就要规范好宏观大环境的规定和规则。杨朝晖提出制订全面和灵活的校内规章制度，这一方式更加具有实施的可能性。张润舒、刘金锋和李幼兰认识到财务报账必须获取学校领导层高度关注，为财务报账营造好的发展氛围。

3. 对财务核算网络化的研究

随着科技的发展，财务报账工作更加便捷，在报账过程中一定要注重财务信息化管理体制。张润舒、刘金锋提出要恰当地使用现代化工具进行业务沟通，促进新技术应用等。刘涛以现代网络技术为基础，充分发挥网络平台的作用开通邮箱和微博，提高财务事项的透明度，促进报账信息的公开化，民主化，并且缩短排队的时间。李幼兰借助网上银行和银行财务 POS，结合升级后的财务系统，引进“无现金报账”的观念，降低支票互相传达的次数。

（二）关于高校预算管理

陈松（2014）认为财务管理的核心是预算管理，他通过研究高校的财务管理案例发现，有效的预算管理都具备以下特点：财务管理机制运行平稳、成本控制意识强、资金利用率高。熊立芬（2006）针对我国高校长期存在的“重核算、轻预算、重编制、轻管理”等问题进行了深入的研究，从预算管理改革方面，有效结合国库集中收付制度、部门预算管理办法提出了相应的改进方案。张莺（2014）以高校为例，分析了高校财务管理应如何改革来应对新规则的变化，分别从财务核算方式、资产管理、预算管理、外部投资、财务监督与管理等方面进行研究，认为高校应与时俱进更新观念、完善预算执行，建立有效的预算绩效评价模式、全方位的监督管理体系，以便财务管理能够适应新规则的变化。许江波、李春龙（2011）认为，高校的预算管理基本能够满足财政预算改革和教育经费增长的基本要求，但是，还存在需要改进的地方：第一，高校需要调整和完善财政拨款的结构；第二，根据责任预算的管理要求，逐步完善和改进校内预算管理；第三，加强预算执行绩效考评，实时追踪预算资金的使用，建立问责制度。王明吉（2012）认为，高校应树立全面预算管理的思想，建立绩效预算管理，实现动态化的预算管理体制，采取“零基预算”的方式控制和考核预算的执行。董必荣、储锦超（2015）认为，高校应运用平衡计分法，实施以战略为导向的预算管理体制。

（三）关于高校筹资管理

唐万宏（2007）认为学校面临财务管理的新模式，即计划指令到主体地位的转变，从单一的政府拨款转变为多元化的筹资方式，从简单的会计核算到财务管理信息化的转变。促进可持续发展，建立多元化的筹资体系是财务管理改革的新趋势，即多渠道筹集资金、重视教育成本的核算、加强财务分析、改进教育资源配置、提高办学绩效，为科学决策提供依据。

王晓蓓（2014）提出，应建立多种经费渠道，比如财政拨款、募集捐赠、发放债券等，还可以通过校企合作模式、科技成果转让、自主生产等方式多渠道募集教育资金。

巫梅琳（2016）指出，有必要在中国成立教育银行，形成多元化的融资形式，常见的教育融资形式包括：学生贷款、教育储蓄、教育基金、教育保险、外资贷款等。吕瑜等从经费等级和对外投资多元化等方面提出，随着教育改革的深化，各高校不断地扩大招生人数，通过多渠道筹集办学经费已是大势所趋。

李真等（2005）认为改革开放以来，特别是20世纪80年代后，形成了多元化筹资的新格局，即政府拨款、高校自筹资金、社会筹集等形式，此外，随着教育部扩招政策的出台，为了适应经济形势、满足社会需求，提高人口素质，高等教育从精英教育向大众化教育转变，提出了更高的高校财务管理要求。

（四）关于高校资产管理

倪建发（2015）指出，虽然高校资产管理与企业资产管理在概念、问题上大致相同，但相较企业，高校在国有资产管理、结构等方面相差甚远，应当引入国有资产管理理念、改进国有资产结构。

李尚文（2005）主要针对因高校合并而产生的一系列国有资产管理等问题进行研究与探讨。邱均成（2006）提出国有资产管理需要及时进行盘点、清查、报废处置等日常工作。宋清芝（2006）从账务处理等方面进行了深入探讨，提出高校固定资产在清查、报废处置等日常工作中要进行准确的账务处理。

（五）关于高校内部控制管理

在高校内部控制方面，丁玉苍（2009）从财务管理、监督和控制的角度出发，论证并分析了健全并完善内部控制是高校财务管理的重要内容，面对高校持续发展和不断变化的新形势，分析了高校在内部控制方面存在的问题，并提出了具体的改进措施。

冀跃芳（2011）将高校内部控制结构划分为五部分，即风险识别、控制环境、信息与沟通、风险评估、监督管理，从整体管理的角度出发研究高校的内部控制，结合各高校财务管理具体特点，构建出一套适合中国高校的内部控制体系。

陈永云（2013）认为内控体系最核心的部分是内部会计控制，重新梳理了各高校各类会计业务流程，明确了高校内部会计控制的重点，并结合高校的实际财务工作，阐述了核心的内部控制方法和具体的防范措施。

王鸿（2014）认为，高校内部控制评价体系应以我国内部控制应用和评价为准则，利用模糊综合评价法，分类构建影响高校内部控制的主要原因。

（六）关于高校财务管理信息化研究

在财务信息系统建设方面，谢诗芬教授于1999年对“会计信息化”作出了合理的解释，认为会计信息化是企业信息化的重要组成部分，在重构会计模式的基础上，以现代信息技术为手段，利用会计信息资源，建立现代会计信息系统，从而达到改进资源配置、促进社会进步、经济快速发展的作用。

何日胜教授于2000年提出，要利用现代信息技术重新整合会计模型，以形成现代化会计信息系统，加快我国财务管理信息化建设，以“互联网+”为平台，大数据为支撑，实时且自动化地进行会计业务处理，实现信息资源共建共享。杨周南教授于2009年提出，在会计领域普及现代信息技术，高效整合会计信息资源，使其成为经济发展的共享财富，其战略目标能促进会计领域的变革，从而推动会计事业的发展。

在系统开发方面，张成洪教授（2006）在《高校信息化建设与管理》案例研究中，在高校财务信息化的管理与系统开发的基础上提出信息系统的流程重组，重视数据的完整性和流程的规范性。邓小军于2011年从预算编制、执行、考核、评价等方面入手，在《高校战略导向型全面财务预算管理绩效评价体系构建》一书中，详细阐述了如何高效构建学校全面财务预算管理的绩效评价体系。

周骏（2013）认为要通过合理规划和搭建财务信息化平台，弥补我国西部地区财务信息化建设的不足。姚成宏（2014）通过研究石河子大学的财务信息化建设，以“需求—解决需求”的方式，构建“银校互联”和网上缴费平台。

我国关于高校财务信息化的研究起步较晚，随着新一代人工智能的迅速发展，财务管理软件由原来的手工录入阶段发展到了智能化时代，我国已经从财务信息化、教育信息化、高校财务信息化等方面进行研究并取得了阶段性成果。我国的高校财务管理的研究可以说取得了长足的进步，但仍存在一些问题，我国高校财务管理信息化的研究大多站在理论的角度宏观地进行研究，用实例进行具体分析的却很少。

第二节 概念界定

一、高校财务管理体制

高校财务管理体制，指高校组织以及运营在科研、教学以及社会服务等有关机构、部门、运行机制的总和。高校财务制度是高等教育的重要组成部分，高校财务管理体制的内容包括：机构的设置、科室的分配、权限的划分、财务会计制度以及其他运行机制等。高校财务管理是确定学校在财政资金拨款、权责以及利益分配和管理形式的一种有效的、有约束力的、有规范的经济行为，保障高校的财务活动有序进行。目前高校财务管理体制分为以下三种：财务管理的运行机制、财务管理的领导机制以及财务管理的保障机制。

（一）高校财务管理的运行机制

目前，我国高校的财务管理运行机制分为两种：

1. 统一领导，集中管理

在学校统一管理下，根据学校发展的需要对学校的财务工作和活动进行集中管理，提高资金的调控力和使用率。比较适合规模较小的高校。

2. 统一领导，分级管理

在学校统一规章制度下，学院二级财务单位有权参与并制定该学院的财务规章以及实施方法。此举具有灵活性和统一性，比较适合规模大、财务业务繁多的学校。

高校应根据本校的办学规模、财务制度的健全情况以及学校领导决策等，选择合适的运行机制，更好地为高等教育服务。

（二）高校财务管理的领导机制

政府对高校管理方式由直接管理转变为间接管理，高校也从政府附属机构成为具有法律保障的独立办学社会法人实体，在办学、招生以及财务管理等各个方面获得较大的自主权。法定代表人直接领导、决策和组织相关学校内部财务活动有序进行。在校长负责制下，符合条件的学校应设立总会计师，协助校长全面开展财务工作。

（三）高校财务管理的保障机制

随着高校招生规模的不断扩张，高校资金需求规模不断扩大，供求之间的矛盾日益突出。面对高校发展新趋势，财务管理成为高校管理工作的一个焦点。一方面要在资金有限的情况下，合理地配置资源，提高资金使用效率；另一方面要扩大教育经费来源，推动高校发展。高校日益复杂的经济活动，巨大的资金供求压力，需要高校的财务运行机制不仅具有规范、约束财务行为的功能，还要具备理财的功能。这就需要在校长的统一领导下，由分管财务工作的副校长组织相关职能部门，建立各种保障机制。

二、政府会计制度相关概念

（一）政府会计制度概述

政府会计是指用于确认、计量、记录和报告政府和事业单位财务收支活动及其受托责任的履行情况的会计体系。我国政府会计是各级政府、各部门、各单位（以下统称政府会计主体）对其自身发生的经济业务或事项进行会计核算，综合反映政府会计主体预算收支的年度执行结果和公共责任受托履行情况的专业会计。它是以货币为主要计量单位，对各政府会计主体财政资金的活动过程和结果，进行全面、系统、连续的反映和监督，以加强预算、财务管理，提高资金使用效果的一门专业。

2017 年 10 月，财政部根据权责发生制政府综合财务报告制度改革的发展需要，为进一步规范行政事业单位的会计核算工作，提高会计信息工作质量，根据《中华人民共和国会计法》《中华人民共和国预算法》和《政府会计准则——基本准则》等法律、行政法规及规章的要求，制定出台了《政府会计制度——行政事业单位会计科目和报表》[1]（财会〔2017〕25 号），自 2019 年 1 月 1 日起施行。高校不再执行《高等学校会计制度》。

（二）政府会计制度内容及特点

《政府会计制度》有机整合了《行政单位会计制度》《事业单位会计制度》和医院、基层医疗卫生机构、高等院校、中小学校、科学事业单位、彩票机构、地勘单位、测绘单位、林业（苗圃）等行业事业单位会计制度的内容。

政府会计相较于企业会计具有鲜明的特点。其一，会计核算基础不同。

---

[1] 下文简称《政府会计制度》。

政府会计的预算会计实行收付实现制，财务会计实行权责发生制。而企业会计的核算基础则以权责发生制为主。收付实现制对于收入和费用是以其是否发生货币资金的收付为标准来确定其归属期的。权责发生制对于收入和费用是以其是否体现本期经营成果和生产消耗为标准来确定其归属期的。其二，会计要素不同。我国政府会计包括预算会计和财务会计，预算会计要素分为预算收入、预算支出与预算结余，财务会计要素分为资产、负债、净资产、收入和费用。而企业会计的会计要素则是资产、负债、所有者权益、收入、费用和利润。由于会计核算基础不同，政府会计比企业会计多了预算会计要素，而两者财务会计要素也不尽相同：一是政府会计不存在所有者权益。对资产与负债的差额用净资产要素确认，采用了“定义反映数量、分类反映内容”的方法。二是政府会计制度中没有利润要素。政府会计投资的主要目的是社会效益，不以营利为目的，仅核算收支相抵合的结余，所以没有利润要素。其三，会计报告不同。政府会计主体应当编制决算报告和财务报告。政府决算报告包括决算报表和其他应当在决算报告中反映的相关信息和资料，政府财务报告包括资产负债表、收入费用表和现金流量表、附注和其他应当在财务报告中披露的相关信息和资料。而企业会计只需要编制财务报告，包括资产负债表、利润表、现金流量表及附注。

（三）政府会计制度重大创新与变化

2019 年实施的政府会计制度的重大创新和变化对高校财务管理产生了深远影响。

首先，重构的政府会计核算模式使财务会计和预算会计适度分离并相互衔接，通过财务会计核算和预算会计核算的双重功能，全面反映了高校财务执行信息和预算执行信息，提高了财务数据的准确性和时效性。

其次，统一的政府会计制度整合了各项单位会计制度，包括行政单位、事业单位、医院、高等学校等的会计制度内容。这使高校财务信息具有可比性，为合并单位和部门财务报表的编制提供了坚实的制度基础。

再次，强化了财务会计功能的政府会计制度对高校财务管理具有重要意义。通过引入权责发生制，加强了财务会计核算的功能，包括收入和费用的核算内容、应收款项和应付款项的核算、长期股权投资的核算等，以准确反映高校的财务状况和运行成本。

政府会计制度还扩大了资产负债核算的范围，包括对资产和负债的全面反映，增加了相关科目的核算内容。这有利于规范高校各项经济业务和事项的会计处理，准确反映高校的财务状况，为相关决策提供更有用的信息。

预算会计功能也为高校财务管理提供了支持。预算会计核算的改进能够更好地贯彻落实预算法的相关规定，准确反映高校部门和单位的预算收支情况，满足预算和决算管理的需要。

最后，完善的报表体系和结构使财务报表和预算报表更好地反映高校的财务信息和预算执行信息。财务报表由资产负债表、收入费用表、净资产变动表和现金流量表组成，提供了全面的财务信息，有助于提高高校财务信息的透明度和决策的有效性。

政府会计制度的重大创新和变化为高校财务管理带来了机遇和挑战。高校需要适应新的制度要求，加强财务会计和预算会计的协调与衔接，强化财务会计功能，提高财务数据的准确性和时效性。高校还需做好资产负债核算的扩大范围，确保资产和负债的全面反映。同时，高校应加强预算会计功能的改进，准确反映预算收支情况，满足预算管理的需要。此外，高校需要合理编制财务报表和预算报表，提高财务信息的透明度，为决策提供准确有用的信息。

（四）实施政府会计制度的意义

1. 有利于改革会计体系，提高财务报告信息质量

我国政府会计核算标准体系形成于 1998 年前后，其主要内容如图 1–1 所示。

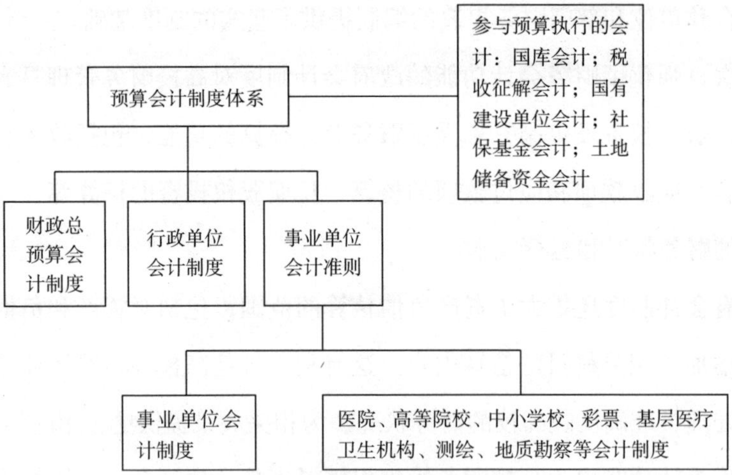

图 1–1　改革前政府会计标准体系图

2010 年以来，财政部为适应公共财政管理需要，不断对已有的会计核算体系进行修订，基本满足了现行部门预算管理需要。但因政府会计领域多项制度并存，体系复杂、内容交叉、核算口径不一等原因，造成了不同部门、单位间会计信息可比性不高，导致政府财务报告信息质量较低。2015 年以来，财政部对会计体系进行改革，政府会计制度的出台，使核算体系逐渐清晰，使会计报告信息质量有很大的提升。改革后的政府会计体系如图 1–2 所示。

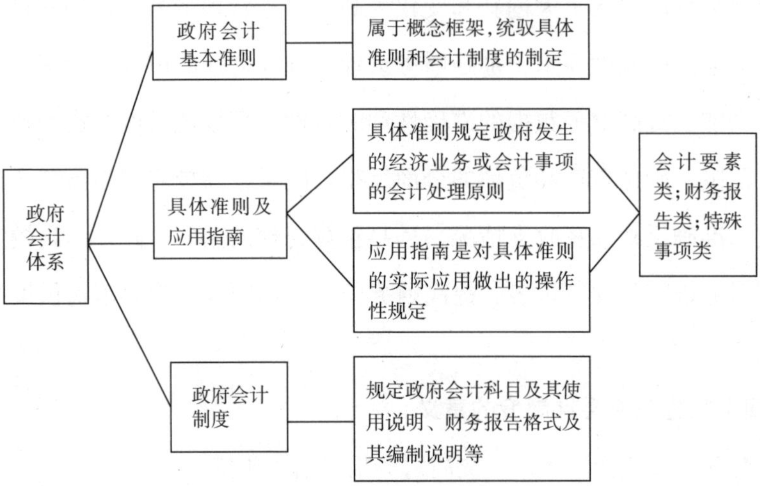

图 1–2　改革后政府会计体系图

2. 有利于规范高校成本管理，提高绩效评价水平

政府会计制度中明确规定高校的基建项目核算不再单独设账，将基建项目中的科目并入“在建工程”“工程投资”“预付账款”三个会计科目中。使成本核算将在高校财务工作中具有重要地位。在增加资产和负债核算范围，增设“坏账准备”“待摊费用”“长期待摊费用”“预提费用”等科目的情况下，保证了高校财务信息的完整性、统一性及全面性，杜绝了工作中成本的虚提与虚摊情况，提高了高校成本核算工作的准确性。成本核算工作规范后，高校可方便地计算出总成本及单位成本，这就为高校的绩效评价提供了科学有效的依据，使绩效评价水平得到极大提高，同时利用绩效评价的激励性，能够更加合理地利用教育资源，促进高校持续健康发展。

3. 有利于高校财务信息公开，完善高校监管体系

2019 年实施的政府会计制度建立了新的高校财务报告体系，在财务报告中调整了资产负债表的内容，增设了收入费用表、净资产变动表和现金流量表，预算会计报告分为了预算收入支出表、预算结转结余变动表和财政拨款预算收入支出表，使政府会计报告体系更加规范清晰，扩大了高校财务信息的公开范围，提高了高校财务工作的科学性和透明度。在政府会计制度中，不仅财务信息的公开内容范围得到扩大，财务报告的使用者范围也有所扩大，既满足了高校内部管理者的使用需要，又满足了政府对高校监管的需要，还满足了社会公众了解高校公共受托责任履行情况以及资产价值和盈亏情况的需要，最大程度地杜绝了高校腐败现象的出现，完善了高校的财务监管体系。

第三节　理论基础

一、高校财务管理的理论基础

（一）资源配置论

经济学是研究稀缺资源的配置和利用的科学。尽管中央和省财政对高校的投入逐年递增，但从经济社会发展对人才的需求来看，教育投入仍相对不足，资金短缺、经费紧张成为制约高校发展的关键问题。在此情况下，如何才能将有限的资金安排好、运营好，需要运用经济学的资源配置理论，从学校的全局和发展战略出发，正确处理好主要矛盾和次要矛盾、长远利益和当前利益、关键问题和一般问题的关系，有计划、有目的、分阶段地合理安排资金预算，使资金使用结构达到最优状态，才能保证学校各项工作的顺利进行。

（二）均衡价格理论

均衡价格理论是市场价格受供给与需求两种力量的作用，当这两种力量相等或供给价格与需求价格相等时，此时的价格就是均衡价格。按照均衡价格理论，教育的价格也是由供求双方共同确定的。教育的供给价格是由教育的卖方（学校）制定；教育的需求价格是教育的买方（学生和家庭）购买一定质量、数量的教育服务所支付的价格；二者的价格弹性系数均小于 1，也就是缺乏弹性，当教育的供给价格和教育的需求价格相等时，就实现了教育的均衡价格。

（三）投入产出理论

按照经济学的基本原理，任何经济活动要想取得预期的成果，必须有一定数量资金的先期投入，投入是产出的前提，只有投入才能实现产出。在现代市场经济中，投入不论是靠财政拨款、负债还是自筹，都尽可能少地投入争取更多的产出，实现资金使用效益的最大化。随着我国市场经济的发展，高校逐步引入市场机制，在法律允许和经济政策涉及的范围内，既可以在国内多方面筹措资金，也可以在国外得到资助。高校所需经费由财政拨款的部分，一经国家或国家授权的职能部门投入之后，国家仅从宏观上对学校的发展规模进行引导，不再大包大揽。可见，财务管理的主体已部分地转入学校，财务部门应对学校的整体资金负责。如果高校财务管理仍然沿用计划经济体制下“大锅饭”的做法，不从选择筹资渠道上考虑达到成本最小，不从社会效益上考虑达到效用最大，将会使本已短缺的资金雪上加霜，也不利于进行更大规模的资金积累。

（四）可持续发展理论

可持续发展理论作为一种科学发展观，是在现代经济发展中人与自然的矛盾日益激化的背景下形成的，强调人类社会要走经济、社会和环境协调发展的道路。要提高我国高等教育的国际竞争力，高校必须持续快速向前发展，而这种持续快速发展从根本上又受到资金供给的制约。如壮大师资队伍，引进高学历人才，需要增加一定的人才建设资金；改善办学条件，增添教学设备仪器，也需要支出相应的购置费用等。高校财务管理部门是专门负责资金运作的，为促进学校的可持续发展，必须对资金进行科学的计划和安排，根据学校发展规划，视长期和短期、重点和一般、急需和不急需等不同情况合理安排和运作资金。只有资金可持续运作，才能为高校的可持续发展奠定良好的经济基础：反之，如果资金运作不当，捉襟见肘，顾此失彼，高校可持续发展将会受到阻碍。

二、管理学基础理论

管理学基础理论是指在管理学领域中形成的一系列基本理论和原则，用于解释和指导组织和管理的实践。

（一）信息不对称理论

信息不对称理论认为在组织中存在着信息不对称的情况，即不同成员对于组织的实际情况了解程度不同。这种信息不对称可能导致不同成员对组织的判断产生差异。在高校财务核算中，信息不对称存在于核算需求者与核算工作者之间。为降低信息不对称，可以通过优化设计核算模式，提高核算工作者的专业素质和信息透明度，加强核算需求者与核算工作者之间的沟通与合作。

（二）供求法则与供求定律

供求法则和供求定律是指在其他条件不变的情况下，需求和供给的变动会影响均衡价格和数量的变化。在高校财务核算中，核算需求者和核算工作者可以被视为供需双方。根据供给法则和供求定律，可以研究需求和供给的变动对核算运行的影响，通过平衡供需关系，优化财务核算的运行模式，实现核算过程的稳定和顺畅。

（三）需求激励模式

需求激励模式将需求作为主要激励机制，通过满足员工需求来实现激励。马斯洛的需求层次论是需求激励模式中最为广泛应用的理论之一。在高校财务核算中，员工的需求直接影响着核算运行的效率。根据需求层次论，员工的需求具有层次性和差异性，未满足的需求可以作为激励的动力。因此，在财务核算工作中，应该提供适当的诱因和激励，注重满足员工较高层次的需求，并结合物质和精神激励，提高核算工作的效率和质量。

信息不对称理论、供求法则与供求定律以及需求激励模式是管理学基础理论中具有重要意义的理论。在高校财务管理实践中，可以借鉴和应用这些理论，优化核算模式、平衡供需关系，并提供适当的激励，以提高财务核算的效率和质量。同时，需要不断关注和研究管理学基础理论的最新发展，结合实际情况进行灵活应用，不断完善和优化高校财务管理的理论框架和实践方法，以适应不断变化的管理环境和需求。管理学基础理论为高校财务管理提供了理论支撑和指导，帮助管理者更好地理解和应对管理挑战，推动高校财务管理的持续发展。

三、会计与财务管理学基础理论

会计与财务管理学基础理论是财务管理领域的核心理论基础，对于高校财务管理具有重要意义。

（一）财务会计基础理论

财务会计基础理论是指在企事业会计准则和相关会计制度的基础上，采用专门方法对企事业的资金运动进行核算和监督，并向外部信息使用者提供决策有用的财务报告的一种管理活动。财务会计基础理论的研究主要基于会计假设、信息、目标、准则等构成，通过对财务会计核算过程的规范和方法的研究，确保财务信息的准确性、可靠性和一致性。

（二）财务管理理论

财务管理理论是基于长期的财务管理实践，通过运用思维活动来获取对财务管理系统化、理性认知的一种综合性价值管理。财务管理理论研究的重点是财务决策、资本预算、资本结构、资金管理等方面，旨在优化资源配置、提高财务绩效和风险管理。财务管理理论能够指导高校财务管理实践，帮助管理者做出决策，优化资金运作，提高高校财务的效益和稳定性。

会计与财务管理学基础理论的研究与应用对于高校财务管理至关重要。通过深入研究会计与财务管理的基础理论，可以更好地把握高校财务核算的规律和原则，指导高校财务管理实践。在高校财务核算过程中，应充分运用财务会计基础理论，确保核算过程的规范性和准确性，以提供可靠的财务报告。同时，财务管理理论的应用有助于优化高校的资金管理、投资决策和风险控制，实现高校财务目标的有效实施。

总之，会计与财务管理学基础理论是高校财务管理不可或缺的理论基础。深入研究和应用这些理论，有助于提升高校财务管理的水平和效能，为高校的可持续发展提供坚实的财务支持。同时，随着管理理论的不断发展，高校财务管理的基础理论也在不断演进和完善，为高校财务管理提供了更加丰富和实用的理论框架。

四、业务流程再造的理论基础

（一）流程再造的基本理论

流程再造是20世纪80年代初源于美国的一种企业管理理论，企业流程再造是美国主要工业企业在全面学习日本制造业全面质量管理、准时制生产、零缺陷、精益生产等优秀管理经验的基础上发展起来的一种全面变革企业经营管理、提高企业整体竞争力的管理理论、思想。

1. 流程的基本概念

关于流程的定义，说法比较多。美国著名企业管理大师、原麻省理工学院教授迈克尔·哈默认为“流程是把一个或多个输入转换为对顾客有价值的输出的活动”。达文波特认为“流程是一系列结构化的可测量的活动集合，并为特定的市场或特定的顾客产生特定的输出”。ISO 9000（2000）对过程的定义为：一组将输入转化为输出的相互关联或相互作用的活动。

2. 业务流程的基本概念

（1）业务流程的定义

达文波特的定义为：“业务流程是跨越时间和空间的有序的工作活动，它有始点和终点，并有明确的输入和输出。”迈克尔·哈默认为：“‘业务流程’是一个技术术语。它具有准确的定义：有组织活动，相互联系，为客户创造能够带来价值的效用。不得更改一个字，也不得添加一个字或减少一个字。”

（2）业务流程的分类

按照哈佛大学教授安东尼的观点，企业的经营管理有三个层次：一是战略计划层，为企业的最高层，主要工作为企业设定目标和为实现目标实施资源配置；二是管理控制层，即中间管理层，是为实现企业目标有效地利用资源的具体过程；三是操作控制层，即下层管理层，是为确保某项特定的业务能够被有效率地执行的过程。为此，企业的工作流程可以分为战略计划流程、管理控制流程和操作控制流程。

根据哈佛商学院迈克尔·波特的价值链模型，企业活动分为两类：第一，为企业增加价值的基本活动——原材料储运、生产制造、产成品储运、市场营销和售后服务；第二，支持目前和未来的基本活动的辅助活动——采购、技术开发、人力资源管理、基础设施。为此，企业的工作流程可以分为基本流程和辅助流程。

佩帕得和罗得定义企业的高层流程为：第一，战略流程，包括战略规划、产品服务开发、新流程设计等；第二，经营流程，企业实现其日常工作的功能，包括满足顾客、顾客支持、现金收支等；第三，保障流程，为企业战略、经营提供保障的功能，包括人力资源、管理会计、信息管理等。上述三个流程可以继续向下分解，直至具体的单项任务。

（二）业务流程再造的实质和原则

业务流程再造的实质是通过重新设计和优化企业的业务流程，以达到提高效率、降低成本、增加价值和提供优质服务的目标。业务流程再造的核心原则包括以下六点：

1. 以流程为中心

将业务流程作为改进和重组的核心，以顾客需求和价值创造为导向。将跨部门和跨职能的流程整合起来，消除冗余和重复的环节，提高工作效率和流程协同。

2. 以人为本的团队管理

重视员工的参与和合作，通过团队式管理，激发员工的创造力和积极性。鼓励员工跨职能合作，共同参与流程再造，形成协同工作的团队，达成整体目标。

3. 顾客导向

将顾客的需求和满意度放在首位，以提供优质的产品和服务为目标。通过深入了解顾客需求、不断改进和创新业务流程，用以顾客为中心的观念引导流程再造，提高顾客满意度和企业竞争力。

4. 创新和持续改进

业务流程再造要求企业不断进行创新和改进，不断寻找提高效率和降低成本的方法。引入新的技术和工具，改变旧有的流程和做法，以适应市场变化和不断提高竞争力。

5. 整体性和系统性

业务流程再造要以整体的视角来考虑和设计，关注流程各个环节之间的关系和相互影响。重视流程的系统性，确保各个环节协调一致，形成有机的整体。

6. 持续监控和评估

业务流程再造并非一次性的任务，而是一个持续改进的过程。需要建立有效的监控和评估机制，对改进后的流程进行跟踪和评估，及时发现问题并进行调整和优化。

通过遵循以上原则，企业可以有效地进行业务流程再造，提高整体运营效率和质量，实现持续改进和创新，以适应市场竞争的需求。

（三）业务流程优化与重组的方法

1. 价值链分析法

价值链分析法是由哈佛商学院的迈克尔·波特提出的一种管理工具，用于分析企业内部的业务活动，以确定每个环节为顾客提供的价值，并优化企业的业务流程。该方法将企业的活动链划分为价值创造活动和支持活动两类。

（1）价值创造活动

价值创造活动是指直接为顾客提供价值的基本业务活动。根据波特的理论，包括以下主要环节：

采购：与供应商的谈判、采购原材料等。

生产制造：将原材料转化为最终产品的加工和制造过程。

销售与市场营销：销售产品、市场推广和营销策略的执行。

售后服务：为顾客提供产品的安装、维护和售后支持等服务。

这些活动在整个价值链中直接增加了产品或服务的价值，满足了顾客的需求。

（2）支持活动

支持活动是指为支持价值创造活动提供必要支持和资源的辅助业务活动。波特将支持活动分为以下几个方面：

采购：与供应商的合作、采购策略和供应链管理等。

技术开发：进行研发和创新，提供新产品或改进对现有产品的技术支持。

人力资源管理：招聘、培训、员工激励和绩效管理等。

基础设施：包括企业的管理体系、信息系统、财务和法务支持等。

这些支持活动为价值创造活动提供了必要的资源和环境，确保其顺利进行。

通过价值链分析法，企业可以深入了解每个环节对于顾客价值的贡献程度，找出非增值活动并进行优化，以减少成本、提高效率和提供更好的服务。价值链分析还可以帮助企业识别和利用内部的核心竞争优势，增强企业的竞争力和市场地位。

总之，价值链分析法通过细分企业的业务流程，明确每个环节的价值创造和支持作用，帮助企业优化业务流程、降低成本、提高效率和顾客满意度。

2. 关键成功因素法

关键成功因素法是一种管理工具，用于确定对企业成功至关重要的主要因素。这些因素可以是在特定行业、市场或竞争环境下，对企业绩效产生重大影响的要素。

关键成功因素法的应用过程通常包括以下几个步骤：

确定关键业务领域：首先确定企业的主要业务领域或关注的市场，可以是特定产品、服务、市场细分或业务流程等。

确定竞争环境：分析所处的行业竞争环境，了解主要竞争对手、市场趋势、技术变革和消费者需求等因素。

识别关键成功因素：通过对行业和竞争环境的分析，识别对企业成功至关重要的主要因素。这些因素可以包括市场份额、品牌声誉、技术创新、供应链管理、人才和组织能力等。

评估关键成功因素的重要性：对识别出的关键成功因素进行评估，确定它们对企业绩效的重要性和影响程度。可以使用定性和定量方法，如权重评分法或专家访谈等。

制订战略和行动计划：基于对关键成功因素的理解，制订相应的战略和行动计划。这些战略和计划应该专注于提高关键成功因素的表现和竞争优势。

监测和调整：定期监测和评估关键成功因素的表现，并根据市场和竞争环境的变化进行必要的调整和优化。

关键成功因素法的应用有助于企业了解其核心竞争优势和影响业绩的关键因素，从而指导战略制定、资源配置和绩效管理。通过专注于关键成功因素，企业可以提高其在竞争激烈的市场中的表现，增强竞争力，并实现可持续发展。

3. 约束理论

约束理论认为，任何系统至少存在着一种约束，要提高一个系统的效能，必须打破系统的约束。在企业流程运行中，流程的效率取决于其中最慢的一环，而不是最快的一环。要提高流程质量必须首先改善最慢的一环，才可得使整个流程优化。企业可以应用约束理论，寻找流程周期时间最长的关键流程，然后研究解决办法，消除流程瓶颈，如图 1–3 所示。

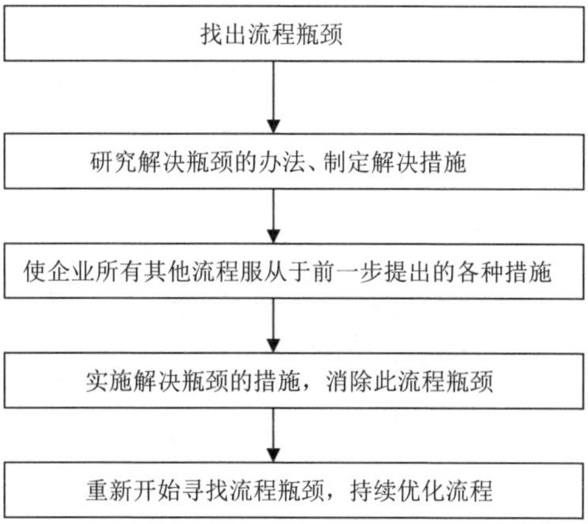

图 1–3 寻找和消除流程瓶颈

4. ABC 方法

ABC 方法是一种以活动为单位进行成本计算的方法。企业的经营是一系列活动的集合，要完成一定的活动，就要消耗一定的成本和时间，也能产出一定的价值，当然并非所有的活动都能产生价值，这些活动称为“非增值性活动”。在进行业务流的优化或重组时，应用 ABC 方法提供的信息，对所有的经营活动进行分析，可以尽可能地消除非增值性活动。流程费用和流程周期时间是业务流程优化或重组工作的评估尺度。在实施业务流程优化或重组时，应用 ABC 分析方法，计算每一项流程的费用与周期时间，将费用高、周期长的流程定义为需要优化的关键流程，见图 1–4。

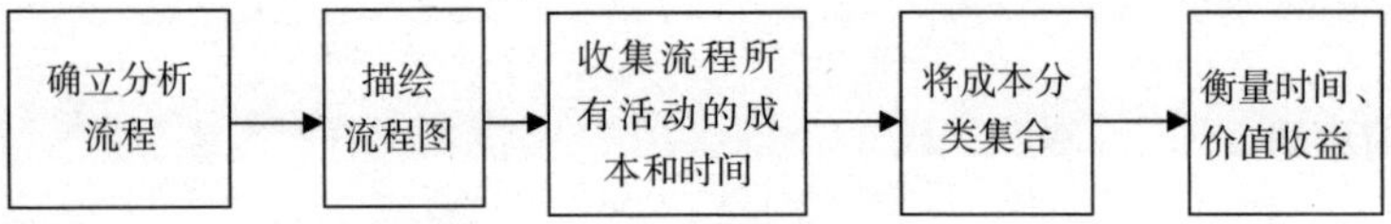

图 1–4　ABC 成本法计算流程

5. 绩效表现—重要性矩阵

绩效表现—重要性矩阵是一个虽然简单但非常有用的工具，可以帮助企业发现最需要改进的领域。流程或流程的结果在矩阵上的位置代表其重要程度及运行绩效的好坏程度。按照重要程度与运行绩效程度分别从低到高评价，就可将项目分成四个类型，其中重要程度高、绩效程度低的就是最需要改进的领域，即解决从何处入手的问题。矩阵见图 1–5。

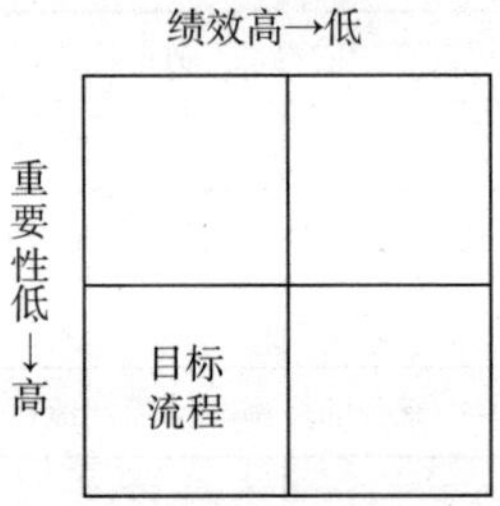

图 1–5　绩效表现—重要性矩阵

第二章
新形势下高校财务管理的理论框架

第一节　我国高校财务管理的背景

我国的高等教育获得了长足发展，在这样的环境下，高校扩张对高校管理工作产生较大的影响，高校财务管理涵盖了高校业务的各个环节，且国内外政治、经济环境的多变，也对高校财务管理水平产生较大的影响，为此，高校在发展改革的过程中需要借助新的思维方式开展工作，带动管理作业的全方位革新。

一、我国高校财务管理体制的变迁

第一阶段（1949~1979 年），中华人民共和国成立后，高校资金来源主要依托于财政拨款，这一时期的财务工作就是简单的报账。在计划经济体制下，高校财务制度也是根据国家的行政指令实行高度集中的财务体制，高校作为附属机构存在，必须事事向政府报备，遵循政府制定的原则，只有执行权，没有控制权和自主权。政府指出，高等教育实行“条块结合，以块块为主体”的管理模式，经费上实行“统收统支，分级包干”的体制。因此在管理模式上比较单一，管理模式僵硬，使高校财务工作缺乏主动性。

该阶段财务制度特征为：在资金使用方面，只按标准管理收支，保证收支平衡，不注重资金使用率和有效性。教育部核定当年预算，当年结余部分全部收回国家财政。高等院校作为政府的一个下属机构，高校会计不能独立核算，只是简单属于政府预算的一部分。

第二阶段（1980~1995 年），自改革开放以来，国家高等教育也面临着变革。1979 年教育部在《教育部部属高等学校〈会计人员职权条例〉实施细则》第四条规定：部属院校要设立独立的财务处（室），并进行组织架构，开展财务会计工作。该细则明确财务处在学校财务工作的地位和权限。1980 年 4 月政府出台《教育部属高等学校“预算包干”试行办法》开始试行“划分收支，分级包干”制度。在 1985 年 5 月颁布的《中共中央关于教育体制改革的决定》中表明，根据各个高校的实际发展状况以及民生的改善，逐步提高收费水平，提出奖学金、助学金、学生贷款等一系列制度，逐步调整地方教育改革结构，逐步从高度集中的管理体制变成由国家和个人共同分担教育费用的过程，提高地方教育的积极性。1993 年 2 月，中共中央、国务院印发《中国教育改革和发展纲要》；1995 年 7 月，《关于深化高等教育体制改革的若干意见》改变了附属关系，扩大地方政府的高校管理自主权，并将结余留存学校。

该阶段财务制度特征为：根据国家改革开放背景，财政拨款不是唯一收入来源。加强高校经费自主权，经常性拨款取消限制专门用途，年底结余部分不用上缴财政，学校可以自留。开展非义务教育改革模式，扩大招生，实行成本补偿和成本分担制度。

第三阶段（1995 年至今）1997 年 1 月正式施行《高等学校财务制度》，该制度旨在确立高校财务的独立自主权，并通过立法的形式得到确认；1998 年 8 月，全国人大九届四中全会第十一条规定：高校应当依法自主办学，实行民主管理；1998 年年底，全国财政会议国家明确提出初步建立公共财政基本制度。作为中国财政体制的重要部分，包括以下三点：国库集中收付制度、部门预算改革、政府采购制度等。在高校的经费分配模式上，进行重大改革，促进教育事业发展。

该阶段财务制度特征为：提出科教兴国战略，不断提高教育支出比重。调整经费构成模式，更加多元化，多渠道为学校筹集资金，可以通过各种形式的社会服务，如：科技研究成果转让、企业、组织以及个人捐赠等形式获得收入。2000 年实行国库集中支付制度，取消实拨现金方式，改为下发零余额用款支付额度，财政资金也不直接下达高校，而是根据用款计划进行审批通过后直接打入下设高校的银行账户。

二、政府会计制度的变革

（一）政府会计制度的变革

高校财务管理的核心是会计制度。随着我国市场经济发展不断深入以及高校管理体制的不断变革，为了稳步推进我国政府和公共部门会计制度改革与完善，提高会计制度与财政体系抵御各种风险的能力，从2006年起，政府提出要推进政府和公共部门会计改革和建立政府财务报告制度，由此拉开了预算会计制度深化改革的序幕。2009年年初，财政部会计司以高校和医院为试点，推出了《高等学校会计制度》等行政法规和条例制度，加强我国高校预算深化改革进程。

2011年在“十二五”规划精神中指出，进一步推进政府会计制度改革和建立政府财务报告制度。2014年12月12日，党的十八届三中全会上颁布的《权责发生制政府综合财务报告制度改革方案》（以下简称《方案》），在《方案》中要求加快政府会计制度改革，同年，修订的《中华人民共和国预算法》更是对各级政府提出按年度编制以权责发生制为基础的政府综合财务报告的新要求。2014年，出台了《国务院关于深化预算管理制度改革的决定》（国发〔2014〕45号）。为了进一步处理改革与发展的关系，不断完善预算绩效管理制度体系，相关部门制定了一系列专项制度。2015年10月23日，财政部发布了《政府会计准则——基本准则》提出“3+5要素”会计要素模式，即设置3个预算会计要素预知5个财务会计科目。实现财务会计和预算会计适度分离并相互衔接，并于2017年1月1日正式施行，标志着政府会计制度改革进入试点阶段。同年，财政部、教育部在2015年印发《关于改革完善中央高校预算拨款制度的通知》，该文件中指出，要统筹推进体制机制改革，增强改革的系统协同性。

2017 年 10 月 24 日颁布了《政府会计制度——行政事业单位会计科目和报表》，提出自 2019 年 1 月 1 日起，政府会计准则制度在全国各级各类行政事业单位全面施行。

为了确保改革在高校有效贯彻实施，国务院财政部根据现有的法律、行政法规和条例，在 2018 年 2 月 1 日印发了《〈政府会计制度——行政事业单位会计科目和报表〉与〈行政单位会计制度〉〈事业单位会计制度〉有关衔接问题处理规定》，并于 8 月 14 日制定了《关于高等学校执行的政府会计制度——行政事业单位会计科目和报表》的补充规定以及衔接规定。该规定进一步明确了高校会计制度执行方式，推进高校财务管理的转变，要求优化财务管理机制，规范行政事业单位核算，提高财务工作效率，适应当前政府综合财务报告制度改革的需要，维护政府会计制度的公信力。这一会计制度改革打破了全国各级各类行政事业单位各自会计制度的壁垒，形成了一个统一的会计制度总原则、总纲领，统一了全国行政事业单位的会计口径，有利于科学、全面、准确地反映资产负债，测算运行成本费用，全面实施绩效管理。有以下意义：第一，进一步规范了会计核算，提高了会计信息质量。第二，完善了报表体系和结构，增加了报表的透明度，及时预警，健全财务风险管控机制，强化财务监督机制。更加准确地反映财务信息和预算执行信息。第三，引入成本化核算，促进绩效管理，有效防范资金不合理使用。

政府会计制度的建立标志着向建立透明、绩效的政府不断迈进。从而在源头上遏制公共领域腐败现象易发趋势，更快提升各级政府的公共治理效能。进一步明确高校会计的执行方式，加快推进高校财务变革。

（二）政府会计制度变革原因

1. 全面反映财务信息的需求

之前的政府会计制度中，对于资产的表现不全面，所反映的信息并不是完全的信息，在改革之前政府会计制度主要有以下不足：

（1）对于政府的资产的分类不细致具体

像文化资产、保障房等固定资产和无形资产不单独列出，外界不能够获取这些资产的真实信息，对于具体的资产使用情况不了解。

（2）在改革之前，政府会计制度实行的是收付实现制

除了某些事业单位要求外，很多的政府部门不对固定资产的折旧进行强制规定，在这种情况下，资产价值只有进行固定资产的收购和报废的时候才能够从实际收到或者付出的现金中进行体现，很容易导致资产的账面价值虚增。

（3）改革前的政府会计制度难以反映单位的潜在负债

近年来，政府的财务风险增加，例如社保基金支出缺口、长期政府债券和利息等，都隐藏着潜在的财务风险，所以，只有通过政府部门所获取的负债信息是全面的、可靠的，才能够有效地避免风险的发生，但是目前来看，原有的制度对于这种风险无法避免。基于这些不足之处的存在，也随着人们对公共管理的知情权意识的增加，为了能够全面地反映政府部门的资产和负债信息，切实履行政府的受托责任，必须进行政府会计制度的改革。

2. 推进绩效考核的需求

目前，我国事业单位的监督评价分为外部评价和内部评价。外界需要对于政府部门的公共管理进行客观的评价，绩效考核能够对政府的管理水平进行科学的客观评估，以此提升政府的管理效率，提高公共服务的水平。在对于事业单位所进行的绩效考核中，会计信息是一项重要的指标，所以，需要通过会计核算来为行政事业单位的绩效考核提供高质量的数据依据。但是，在原有的政府会计制度下，并没有对于行政事业单位进行管理所使用的费用进行会计科目的设置，而是直接算为支出。在事业单位的财务核算中，除了营业收入和支出外，会计核算使用的是收付实现制，固定资产折旧用来冲减

非流动资产的核算，并不作为事业单位的费用进行核算。在这种情况下，会计核算并不能对事业单位的实际成本进行全面真实的反映，也就不能够为事业单位的绩效考核提供全面的科学的数据支持，为了能够加强我国事业单位的绩效管理，亟须对政府会计制度进行改革。

3. 规范预算管理的要求

政府会计制度进行改革之前，整个制度体系的核算口径存在不一致的现象，制度之间是相互独立的，权力是分散开来的，这样的制度体系下对于政府部门之间所呈现的会计信息是比较难进行统一的对比的，这种情况下对于外界来讲对不同的事业单位之间的职能履行进行对比的时候没有一个科学的会计信息作为支撑，对于事业单位的预算管理也不能规范。同时，改革前的政府会计制度下，政府各个部门在进行财务信息的报送时进行编制、报送等的统一是较难的。对政府会计制度进行统一，在提高事业单位会计信息的可比性的同时对其预算管理进行规范。这也是政府会计制度要进行改革的重要原因之一。

（三）政府会计制度内容变化

1. 重构了会计核算模式

当前的政府会计制度对之前的政府部门的核算模式进行了重新结构编制，将财务会计和预算会计分离开来进行核算，主要包括：

一是当前的政府会计制度对于“双主体”的会计模式进行了全新的展示，在行政事业单位之中，涉及的所有的会计项目，实行权责发生制的核算，从财务会计和预算会计来进行核算，全面真实地反映会计信息。在政府会计制度中，实行的是平行记账的方式，在财务会计中实行权责发生制，在预算会计中实行收付制，适度地将两项核算进行分离。

二是当前的政府会计制度实行的是“双分录”，即财务会计与预算会计是并行的分录，但不是所有的会计科目都会涉及两个分录，全面地反映政府部门的财务信息以及预算执行情况。

2. 统一了现行各事业单位的会计制度

当前的政府会计制度自 2019 年 1 月 1 日起在事业单位进行执行，对原来各事业单位的会计制度进行了统一，能够指导各事业单位的会计核算的进行，是一项统一的会计制度，涉及医院、科研机构、高校等事业单位。在设置会计科目时，不再对行政事业单位的具体行业进行区分。在会计核算内容方面，现行制度下的一般业务和项目基本保留，各级各类行政事业单位所涉及的具体行业的业务类别的项目需要进行增加。在会计政策的制定方面，对于各事业单位所涉及的相同类型的业务要作出统一的规定，这样，各行政事业单位的会计信息就具有了可比性，为行政事业单位财务报告的报送、预算的管理以及事业单位之间的合并提供了统一的制度基础。

3. 强化了财务会计功能

以权责发生制为基础的政府会计制度可以更全面地从多个视角科学合理地反映政府的权限以及需要承担的义务和责任，也反映政府财务信息的重要内容。例如，以收付实现制为基础的会计核算，在一般情况下，政府机关和事业单位一般不会对固定资产进行折旧。但如果在权责发生制的要求下，行政事业单位的固定资产折旧要根据单位固定资产的使用寿命，确定折旧计提法，根据具体使用年限计提固定资产的折旧，应当将其记入成本的科目中。同时，资产的账面价值也应相应减少。根据财务会计的实际操作，以权责发生制为基础，无形资产必须立即准确摊销。然后分析和定义应该负责规划或分配措施，这样不但可以直接显示单位资产的具体情况，同时行政事业单位的资产到底有多少、实际的运营成本、绩效评价和一系列的内容都能够体现。

4. 扩大了政府资产负债核算范围

现行的政府会计制度要求对经济交易或事项使用财务会计以及预算会计。行政事业单位应当按权责发生制进行会计核算，设置相应的会计科目，对期间摊销费用进行详细核算。当前的政府会计制度对资产负债的核算范围进行了扩充，除基于权责发生制所增加的会计核算科目之外，主要地对资产负债的扩大表现：一方面，对于资产核算的扩大，在资产核算中增加了针对文物、保障住房、文化资产等基础设施的会计核算项目，对事业单位的固定资产进行全面反映。在资产中增加研发支出经费，全面反映事业单位的无形资产所涉及的成本费用；另一方面，在负债方面增加预期负债的核算，并且对委托代理负债进行核算，对于事业单位的委托责任的履行情况进行反映。除此之外，现行的政府会计制度加入了净资产项目，将净资产分为累积盈余和专项基金，并且进行权益的调整。

5. 改进了预算会计功能

预算会计是政府会计的另一个不可缺少的组成部分，它是指根据收付会计原则进行的会计核算。预算会计是一种主要反映企业预算收支及其执行情况的会计制度。因此，它不仅有利于更加科学有效的预算管理，而且对预算的执行起到实质性的监督作用。政府会计制度对预算会计项目及其核算内容进行了调整和优化。在核算内容上，预算会计只需要计算预算收入、预算支出和预算平衡。在会计核算的基础上，预算会计采用收付实现制核算。就核算范围而言，现金的收支纳入预算管理的部门，依法都包括在预算核算的范围，可以更精确地反映部门和单位的预算收入和支出，满足其预算、决算的需求。

6. 整合了基本建设会计核算

在政府会计制度改革之前，基本建设会计从行政事业会计中分离出来。在基本建设项目的会计核算中，一个建设单位同时承建多个建设项目的，必须对每个基本建设项目单独建账、单独核算。基本建设基金不仅要满足基本建设管理的需要，还要满足制度的要求，只能使用行政事业单位的会计制度进行核算，然后使用辅助核算方法根据国有建设单位会计制度进行核算。一笔资金采用两种制度进行核算，既浪费了人力和物力，又混乱不堪，与改革的要求不相符合。现行的政府会计制度和预算管理的有关规定，在充分吸收国有建设单位会计制度合理内容的基础上，规定了单位基本建设项目的会计核算。单位对基本建设投资按照政府会计制度的规定统一核算，不再单独设账，只按项目核算。这使得原基本建设单位的会计核算变得简单方便，提高了会计信息的完整性，提高了会计工作的效率。

7. 完善了报表体系和结构

当前政府会计制度实行的是“双报表”制度，也就是财务报表和预算报表两报表来组成财务报告。在会计核算中，行政事业单位在编制财务报表的同时也要编制预算报表，其中，财务报表实行的是权责发生制，也就是以事业单位所产生的实际财务核算数据为准，主要包括资产负债表、净资产变动表、资产损益表和现金流量表等；而预算会计报表所实行的是收付实现制，体现的是预算会计的数据，主要包括预算收入表和预算支出表，还有预算结转和盈余表等。此外，相较之前的政府会计制度，现行的政府会计制度对报表的结构进行了细化和调整，对应该披露的会计项目进行了固定，并且要求进行会计信息披露的时候要对预算盈余、结转的差异调整情况进行信息披露。

三、新形势下高校财务管理取得的进展

（一）内部控制方面

随着我国高等教育事业的不断发展，如师生人数、占地面积、固定资产等的增加，传统的财务管理工作面临着巨大的挑战。因此，完善高校的内部控制建设在工作中显得尤为重要。《行政事业单位内部控制规范（试行）》自2014年1月1日起实施，财政部于2015年12月印发了《关于全面推进行政事业单位内部控制建设的指导意见》，要求行政事业单位全面推进内部控制

建设，高等学校均按照要求开展了内部控制体系建设工作，并且按照财政部的要求对 2016~2018 年度的内部控制建设情况进行了自评。虽然高等学校内部控制建设还不够完善，但是通过开展内部控制建设工作，提高了单位领导层和管理层对内部控制重要性的认识，对各项业务活动有了一定的分析，增强了对风险的管控，并且制定了相应的风险应对措施，这些工作都是围绕着业务活动开展的，为业务和财务的融合提供了基础。

高校的收入主要来源于国家财政拨款，属于财政补贴收入，而学费是属于高校的事业收入。财政补贴收入是由高校每年依据当年的情况将预算汇报给上级部门，由主管部门依据高校的实际情况给予的资金。事业收入是高校自行开展的活动而获取的资金。收入的内部控制流程是：由学校发布缴费通知，财务部门核对相关的财务信息，学生通过指定方式将费用缴纳至指定账户，财务部门完成最终汇总核算。该过程主要由财务部门负责监督管理。

高校的支出主要包括业务活动费用和项目费用。业务活动费用主要包括日常学校开销所需的费用，如办公费、管理费等。项目费用是指某一项目为了能达到任务要求，在这一过程中所支出的相关费用，如购买专用设备等。设备的购买涉及对固定资产的管理，因此要注重对成本的控制。支出活动的内控流程为：所有的支付行为都应当符合法规制度，按照要求填写相关支出审批并得到部门领导的批准，财务部门对支出的原始单据进行复核，符合要求后统一支付。

（二）信息技术和环境方面

随着社会的发展，高校财务管理的模式也发生了转变。传统的手工记账模式已逐渐被会计信息软件所替代。当前各个高校信息化发展的趋势略有不同，有些学校发展较缓慢，仍然使用手工与软件相结合的核算方式，而有些学校的会计核算则完全采用会计软件处理的方式。传统的会计核算是一个既定过程的循环活动，这种流程在不相容分离控制方面可以发挥互相监督的作用，但在信息的传递和互享方面存在一定的缺陷，将会降低会计报告的及时性和准确性。会计软件核算的方式并没有改变传统模式的本质，在财务活动的总体框架下，将各个板块的内容分解为独立的个体，将业务活动分散在各个子模块下进行，财务人员各自负责自己的业务，但造成各子模块间信息的闭塞，出现信息孤岛的现象，庞大的数据信息缺乏整体性，在信息传递的过程中存在一定的延迟。

在会计电算化初期，财务管理系统的功能局限于会计核算方面，主要是用来完成账务处理和生成会计报表，在当时高等学校的资金量不大，业务活动相对简单，财务系统的功能基本满足了财务管理的需要。随着高等学校资金量越来越大，资金量在十亿、几十亿元的学校很常见，有的学校资金量甚至达到了一百亿元，所以学校对财务管理系统的功能需求也越来越高，财务工作的重心从核算反映逐步向决策支持转型，在这样的情况下财务软件公司逐渐完善了财务管理系统的功能，通过对各项财务数据的分析、梳理，可以有效地为上级领导决策提供科学明确的支持，提高了财务工作效率。目前比较成熟的财务管理系统都是综合性信息系统，主要功能包括账务处理、报表管理、预算管理、学生收费、资产管理、项目管理、财务分析等，这些功能的特点是逐渐将财务管理系统的流程延伸至业务活动中，客观上为业财融合提供了信息技术支撑。

（三）会计核算和信息方面

在高等学校中财务信息是狭义的财务信息，一般仅指通过会计核算生成的资产负债表和收入费用表中所包含的会计信息，具体来说是指各个会计科目的金额，除此之外包含的其他信息很有限，这种财务信息是单一的，信息量有限，决策实用性不高，这也导致了领导决策较少使用财务信息，进而不重视财务工作。随着财政改革的推进，特别是政府会计准则和政府会计制度的完善，使单一的财务信息变得更精细化，领导决策的实用性大大提高。在高校中，财务部门对财务信息是主要掌握者，不但可设立相关的财务管理制度，还设计各个财务管理流程。相反，师生群体相对于财务人员而言掌握的信息较为匮乏。财务人员在重视会计核算分析上，应当熟悉掌握学校的业务流程运行模式，尽可能地将财务相关信息及时公开发布，在财务平台上反馈，供师生们及时查询。业财融合的实现不仅促进领导决策的实用性，也可为师生掌握财务信息提供一定基础。

当前的政府会计制度确立了“3+5 要素”的会计核算模式，在同一会计核算系统中既包括政府预算会计的三要素（预算收入、预算支出、预算结余），又包括政府财务会计的五要素（资产、负债、净资产、收入、费用），另外会计核算中还要按照资金来源、功能分类科目、经济分类科目、项目等分类核算。预算会计下设 26 个一级科目，财务会计下设 77 个一级科目，会计科目和预算科目两者是既互相联系又互相分离的形式，通过平行记账的方法，可以同时体现高校的财务与预算两方面的具体情况。

第二节　高校开展财务管理的必要性

随着时代的发展进步，我国的高等学校积极推进财务作业的优化以及发展。

一、国家法律法规的需要

高等学校作为我国的教育事业的发展基础，其在运行发展过程中只有做好财务管理工作，才能够带动高等教育事业的可持续发展，从而为我国经济发展提供人才。我国依据时代发展的实际需要不断颁布、更新相关法律法规进行高校行为的引导与约束，要求高等学校定期公示各项信息，并对财务工作进行详细核算。在这样的状况下，高等学校就需要严格按照法律法规规定的要求进行财务管理工作，从而保证高等学校的发展。

（一）高校财务管理法律风险概述

1. 高校财务管理法律风险的涵义

法律风险是指在法律实施过程中，由于外部法律环境发生变化，或由于法律关系主体未按照法律规定或合同约定行使权力、履行义务，而给自身造成负面法律后果的可能性。高校财务管理是在高校范围内组织财务活动和处理财务关系的工作，重点是对高校的资金筹集、分配、使用、结算等过程的管理，是学校经济管理和内部控制的重要内容，也是各种风险的易发端口和风险防范的关键节点。高校财务管理的法律风险就是高校财务部门在组织资金运动过程中所面临的各种可能发生法律上的不利后果的风险，它有很多表现形式，是各种法律风险在高校财务管理领域的体现。高校财务管理的法律风险一旦发生，高校及高校财务部门势必难以掌控，往往造成严重损失，影响高校的健康发展。充分认识与有效防控高校财务管理的法律风险，从法律角度规范高校财务管理工作，形成高校经济活动中的自我约束和自我保护机制，确保资金运行安全和使用效益，对于规范高校的各种经济行为，提升高校财务管理能力和水平，促进高校稳健有序运营等方面具有重要的现实意义。

2. 高校财务管理法律风险的特点

（1）隐蔽性

高校财务管理法律风险比较难以识别，具有很强的隐蔽性。这与高校财务管理过程的特殊性有着很大关系。诺贝尔经济学奖得主肯尼斯·阿罗曾经说过："我们要获得社会或自然界中事物运作方式的知识，就必须穿过层层迷雾。"法律风险就是高校参与市场经济浪潮中最为扑朔迷离、变幻莫测的层层迷雾。高校财务管理的法律风险或隐藏于宏观经济管理如资产管理、合同管理等之中，或隐藏于具体的会计核算甚至资金结算的细枝末节，难于发现和识别。

（2）分散性

就像市场机遇无处不在一样，法律风险也是无处不在的，市场主体的任何经济行为都可能存在法律风险。在高校经济行为能力尚不成熟的当下，高校参与市场的一举一动都可能导致法律风险的产生。对于高校财务部门而言，这种法律风险往往存在于资金筹集、分配、使用和结算等一系列过程中，产生于这一过程的每一细小环节之中，法律性质不同，损失的大小和损失发生概率不同，发生部门和领域不同，具有明显的分散性特点，因而难于掌控。

（3）危害性

中国当前的高校教育资源的投入主要以政府公共财政资金为主。作为国有资产，其产权自身的“主体虚位”特性决定了加强高校财务管理、规避各种风险的必要性和重要性。与此同时，在有限的政府投入前提下，高校公益非营利的性质使其教育资源极其珍贵并具有稀缺性。如何降低风险，提高资源的使用效益，是做好高校财务管理的应有之义。而在高校财务管理领域，法律风险一旦发生，往往具有难以掌控的损害性后果，威胁高校有限教育资源的安全。

（4）动态性

一方面，社会经济环境不断变化是导致高校财务管理的法律风险存在的重要因素。社会经济环境是不断变化的，有时甚至是突变的，所以对于法律风险主体——高校或高校财务部门而言，法律风险的内容、程度等都是变化着的；另一方面，高校财务管理的法律风险也具有不断转化的特性，法律风险可能导致费用的增加、各种损失和损害的产生，但一定情况下，它与收益却是一体共生的。采取合法有效的手段对可能的法律风险进行管理和控制，不但可能消除法律风险的激发隐患，避免损害，还有可能使风险转化为收益。

（5）难量化

与高校财务管理本身的财务风险和市场风险不同，法律风险是很难量化的，尤其是高校财务管理过程中的法律风险，其损失大小和损失发生概率的大小是会计报表或财务报告等难以表达和披露的，对其往往无法进行定量分析，难以用统一、明确的指标体系进行衡量或作对比性评估，难以找到风险防范的切入点和风险控制的适度防线。

（6）易忽视

我国高校财务管理的法治理念和依法理财的环境尚待提升，大多数高校财务部门侧重经济管理和财务会计核算水平的提高，注重财务风险和市场运营风险的控制与防范，法律风险往往易被忽视。

（二）高校财务管理法律风险的种类

对高校财务管理面临的各种法律风险，可以按照不同方法进行归类。从财务管理过程角度可分为筹资法律风险、投资法律风险等方面；从财务管理内容角度，可以分为预算管理法律风险、资产管理法律风险、合同管理法律风险、票据管理法律风险、收费管理法律风险、会计核算管理法律风险、资金结算管理法律风险等；从风险主体角度，可以分为单位法律风险、人员法律风险等。依据法律风险的表现形式，综合各种因素，对高校财务管理的法律风险作出如下分类：

1. 基于法律法规自身的缺失或滞后而导致的高校财务管理的法律风险

一方面，高校收费管理缺乏明确、有力的立法依据和法律保护，一旦发生收费管理方面的纠纷，高校将难以借助法律手段保护自己；另一方面，由于缺失对违法、违规收费等行为作出处分的操作性强的法律程序，在市场经济强大推力下，高校往往容易引发乱收费等失范行为，面临被追究的法律风险。

2. 基于自身行为不当或失范可能导致法律责任归咎而引发的高校财务管理的法律风险

如高校财务管理中的税务管理。随着高校的发展，高校涉税项目越来越多，如果一味固守陈旧的观点，不规范地使用票据，对于该交税的收费项目不使用税务发票，不依法纳税，势必触犯税法等法规，面临行政处罚的法律风险；再如，发票是已付款的凭证，而在高校财务会计核算中，往往存在先借发票后到款的情形，基于信赖的先开发票后付款的交易活动中，往往缺乏书面材料证明对方并未付款，一旦信赖丧失，陷入纠纷，往往处于不利的诉讼境况，会丧失胜诉机会；又如，在合同审查中要尽可能对合同必要条款和合同可能存在的法律风险进行认真审查，合同生效后，要严格按照合同条款全面履行，否则，易陷合同陷阱或因乙方违约造成不必要的经济损失或诉讼负担。

3. 未及时有效地进行法律救济而导致的高校财务管理的法律风险

如高校财务票据结算的法律风险。遗失支票后，高校财务部门可能会立即通知开户行，在当地媒体上声明作废，但这种“周知式”的做法并不具有法律效力，必须及时到银行办理挂失止付，到法院进行公示催告，否则持票人仍有权提现。再如，合同管理中，当发生或可能发生合同纠纷时，要及时采取正确、有效的法律救济手段和救济程序，如代位权、撤销权、合同解除权等权利的行使，先履行抗辩权、不安抗辩权、同时履行抗辩权的正确运用等，尽量降低可能的经济损失，争取最大限度的法律救济与保护。否则，就会陷入被动局面。

（三）高校财务管理法律风险的成因

1. 高校财务管理法律风险产生的环境因素

从外部环境来看，随着我国高等教育体制改革的深入，高校有了办学自主权，逐渐成为具备独立法人人格，拥有独立法人财产权的法人实体，必须以法人财产为学校各种经济行为独立承担责任。由于市场交易法律关系主体具有经济人特性，加之目前大多数高校行政管理体制和管理模式仍处于转型时期，重大经济活动的参与愿望强烈，但在参与途径和方式选择上具有盲目性，风险意识和法治意识薄弱，经济行为能力尚不成熟，这些，无疑使高校尤其是高校财务部门面临更为复杂的理财环境，极易引发各种法律风险。从内部环境来看，伴随高校财务管理理念和职能的转变，我国高校财务管理涉及的范围越来越广，财务管理行为越来越复杂，给财务管理工作带来前所未有的难度，这为诱发法律风险提供可能。再者，目前我国高校财务管理领域法治观念仍显落后，对法律风险的认识和重视程度不够；财务部门人员结构不合理，管理人员法律素质不高、法治意识不强。这些无疑都成为高校财务管理发生法律风险的重要因素。

2. 高校财务管理法律风险产生的制度因素

高校财务管理法律风险的产生有着深层次的制度原因，包括法律规制层次和财务管理制度层次两方面。前者如法制体系不健全，有些方面的法律缺失或滞后，救济体系欠缺等；后者如现有的高校财务管理制度在内容上存在调整盲点、滞后情况和薄弱环节等，在形式上很多方面缺乏可操作性、明确性和可执行性，在调整手段上，则表现为运用法律手段规范财务管理工作的水平还比较低等方面，在执行力度上，也存在执行力不够、约束力不刚的现象。

3. 高校财务管理法律风险的管理机制因素

目前我国大多数高校对法律风险要么不能很好、很及时地识别，要么习以为常、消极放任，不能做到事前采取防范措施，发生纠纷了才着急、才采取诉讼等方式进行事后救济。即使有事前采取防范措施的，也大多出于事后救济或胜诉的目的，并非想避免、降低、转移或分散法律风险。单一或个体化的法律风险防范和事后救济虽然对处理个体法律风险有效，但其处理方案不能运用于其他领域，不利于发现那些尚未被识别的法律风险，不利于解决法律风险之间互相诱发的可能性，不利于及时采取综合性的防范措施以减少或降低不利后果发生的可能性。这些情形发生的关键因素，就是针对高校财务管理法律风险的管理机制配置欠缺或不健全。成熟的法律风险管理体系往往只见于企业，而高校财务部门不但欠缺完整有效的法律风险管理体系，也存在现有的高校财务管理机制设置和业务流程设置不合理、监控脱节或不流畅、岗位不匹配等问题和现象，这也是高校财务管理有效防控法律风险的重要制约因素。

二、现代化高校转变的需要

随着市场经济体制确立，我国各领域的市场竞争呈现出不断上升的趋势。在这样的背景下，高等院校继续进行自身的发展与变化，针对运行机制以及结构实现突破创新。在市场经济体制背景下，高校需要合理地利用资金，扩大自身的影响力，为此风险管理等财务管理内容的地位日渐突出。一般而言，财务管理工作的开展能够有效地规避高校资金流转过程中的风险，从而推动高校的快速发展。

（一）理财观念不断增强

改革开放的潮流推动了我国资本市场的发展。在经历了数十年的探索后，我国的资本市场已经初具规模，伴随而来的还有越来越深入人心的理财观念。随着竞争机制的引入，许多高校也在不断尝试各种理财方法，虽然不能像公司和个人那样在股市上大展拳脚，但也进行了许多新的尝试。如一些高校充分发挥校内的资源优势，同时积极拓展校外市场，构建起双赢的理财局面；还有一些高校充分利用自己的学科专业优势，在拓展社会上相关领域的教育培训市场的同时，介入相关行业的实务操作。像这种将教育资源与实务资源进行巧妙地整合，充分说明了我国高校正在逐步重视财务管理工作，理财观念正在广大高校中逐步发挥作用。相比以前对财务管理的忽视，这已经是一个巨大的进步，虽然高校财务管理目前还处于起步阶段，但观念上的转变是一个良好的开端，必将成为高校在实际行动上的指引。

（二）成本核算观念增强

高等教育的发展长期以来一直受到中央和地方各级政府的高度重视，国家对高等教育的投资也正在逐年上升。然而，高校对财政资金的使用效率普遍较低，其原因在于高校的成本核算观念较为淡薄。由于高校的大部分资金来自财政划拨，资金的使用也受到预算的严格限制，个别高校领导甚至认为没有必要再进行单独的成本核算，从而直接用事前的预算代替了事后的成本核算。由于缺乏成本核算，高校无法对自己的投入和产出进行衡量，更无法准确计算自己的盈亏数额。这一做法在高校逐渐市场化的今天，已经不能够适应学校的发展。特别是在当前体制下，高校也开始介入市场竞争，其资金来源变得多样化，财政拨款在高校收入中的占比又有所下降，学校的每一笔资金用途都应当带来相应的经济效应。没有明确的成本核算将会使学校在市场上的竞争力逐渐下降，最终面临被淘汰的下场。严峻的经济环境使得高校进行成本核算工作迫在眉睫。所幸的是，许多高校已经逐渐意识到了这一管理上的漏洞，开始重视成本核算，将学校的投入与产出进行对比，从而选择更适合学校发展的投资方案。

（三）风险防范意识逐渐提高

在计划经济时代，高校完全附属于政府部门，几乎不存在风险来源，因此也没有任何风险防范意识。随着政府对高校控制的减弱，高校逐渐成了独立的个体，与政府的联系也逐渐变少。然而，在高校脱离了国家政府的掌控，独立自主地面对瞬息万变的市场环境时，随之而来的是不可避免的风险。随着高等教育的普及，高校的招生规模日益扩大，越来越多的学生有机会进入大学深造。在这种情况下，高校要想做大做强，必须想方设法吸引优质的生源来学校就读，要做到这一点首先就要加强学校的软件和硬件的建设，如优秀的教师团队，良好的学习环境，以及丰富的学习资源等。这些方面的建设都需要高校进行大额的资金投入。投资往往伴随风险，现实情况迫使高校逐渐重视风险防范，许多高校在进行资金投入之前都会做详尽的调查，以确保资金安全并且能够带来回报。

三、财务监督的需要

（一）高校财务监督涵义

1. 高校财务监督概念辨析

财务监督是根据我国的法律、法规和企事业单位部门的内部财政预算、规章制度等，对于企事业单位的经济活动的合规性与合理性进行监督、检查、控制、督促和管控。因此，要发扬高校财务内部监督职能，就一定针对财务监督权力进行科学合理的资源配置。高校筹资行为是资金流入，高校投资行为则是资源流出，而其收益的分配指的是对以上资源运行的结果进行配置。所以，高校财务监督的核心为内部财务监管权责的安排。这样高校的筹资活动、投资活动、分配活动、调节活动、监督活动等具体职能五位一体，无不全方位体现着高校资金的配置，因此，我们可以把高校内部财务监督作为高校财务管理的基本职能。

2. 高校财务监督内容

《事业单位财务规则》规定学校的财务监督包含预算方向监督、收支情况监督、资产管理和使用监督、资金使用监督、专用基金与专项资金监督和其他方面的监督。

（1）预算管理监督

高校的预算是各单位部门编制的并且经过相关部门审批的于计划时期内

的财务收支计划，也是国家审批流程的基础，更是高校展开各类财务工作的基本参照。因此，完善高校预算的监督和管理，对于促进高校切实履行自身职责，完成所肩负的任务具有极其深远的意义。其中，预算监督主要包含编制、执行与决算监督。预算编制监督的内容主要包括：第一，高校委员会编纂的预算是否符合我国有关法律与财政条款，是否符合上级教育局下发的行政事业单位的计划及其工作任务的要求。第二，高校的收入预算是否真实与可靠。第三，财政支出的预算是否能重点落实保障，同时兼顾一般的财务工作，使预算内外部资源科学结合使用。

预算执行监督的主要内容有：高校财务预算的执行过程中，高校收入预算是否依照财务计划的相关规定征收，其标准、范围和流程是否按照我国的法律条文和相关规章制度执行，有无胡乱征收费用、乱摊派的状况。高校支出预算有无按照申报落实，是否有滥用情形，学校的专款能否专用，是否有资源之间转移的情形。是否违背财务预算的有关制度，该收的是否入账，该支的是否如实支出。最后，高校财务预算实施情况是否依据规章制度进行分析，对检查出的问题，是否及时决策处理。决算指的是依据法定流程编纂并且用来如实反映出预算落实结果的会计财报。它能够反映出预算收支计划的最终落实结果，是高校经济行为在财政上的集中反馈。在高校的决算监督过程中，要分析、监督高校决算报告上提供的所有数据的真实性、可靠性、完整性和准确性，报告上所列支的是否依照规章列示，是否有弄虚作假的成分，报表数值是否正确。最后要及时送达相关主管单位与财政单位进行审核。

（2）收支情况监督

高校资金收支活动是其财政行为中最主要的内容之一。高校财政收入名目繁杂、性质不一、种类较多，需要监督的项目比较多，主要内容有：第一，高校组织的所有收入计划是否按时完成，要收取的金额是否依据相应的规章、制度、规定合理收取，是否存在乱收、漏收的情形。第二，高校收费制定的标准是否依照国家相关范畴，是否擅自增加和减少收费项目，私自提升和降低收费标准，是否有胡乱收费、乱摊派、乱集资等问题出现。第三，高校利用自身技能、技术、设备、场地等条件进行对外服务的收入与费用是否已准确扣除，是否及时进行其成本核算。第四，高校应缴财务预算与代扣代缴教师职工个人所得税是否按时、足额清缴，是否有挪用、拖欠等相关情况。第五，所有需要纳入高校预算的收入是否都归纳进了预算，是否有账外账，是否有私设“小金库”“小钱柜”等严重问题出现。

高校支出是高校为国家社会大众提供教育服务，完成各项安排任务，执行自身责任的必要保证。高校支出名目繁杂、性质不一、种类较广，不仅有消耗性支出，还有转移性支出，不但包含高校自身消费，还包含投资、社保支出和财政补贴。因此，加大高校支出情况监管，是确保高校可以安全科学合理地行使财务资源，有效地预防腐败浪费等不良事故出现的重要手段。

高校支出情况监督主要内容有：第一，所有支出预算是否按照我国相关法律、方针以及学校财务政策的规定，支出预算有无贯彻执行，超支和减支的原因是什么。第二，学校费用支出的框架是否合理改变，是否有利于高校践行自身责任。第三，是否依照我国制度划分了所有支出的界限，特批经费有无依照计划专款专用，是否有相互挤占挪用的问题出现。第四，高校购置的各项资产是否依照有关程序进行，是否有弄虚作假，违规购置的问题出现。

（3）资产管理和使用监督

学校资产是学校拥有的可以以货币作为计量单位计量的资源，涵盖实物资产与资金。高校资产是国家行政教育事业单位正常行使职责的基础，更是搞好国家高校建设、教育科学发展与现代科技进步等各类教育事业的重要物质保证。高校财产的低效率使用和资源浪费，实际上就直接加大了国家运营的机会成本。

资产管理和使用监督的内容有：第一，库存现金管理要与国家规章相吻合，不可出现坐支现金、私自挪用、任意借支、用“白条”抵押和私设“小金库”等问题。第二，高校的银行存款要依法开展业务。第三，所有的应收账款要按时足额收回，预付账款要按时清理、结算，长期拖欠的债权债务要纠察原因并且及时处理。第四，库存、固定资产等财产取得是否合法。第五，无形资产的取得、让渡要合乎国家法规。第六，对外投资要按条文报备，用来投资的实物与无形资产要提前进行评估，是否有造成国有财产流失的情形出现，对外投资是否有妨碍到本校完成正常的办公活动，有无违反规章制度，即用维持本校开展活动、保障工作规划按时结束所需要的财产进行对外投资的问题。

资金活动的监督主要包括以下三点。第一，资金收支是否合规。第二，流动资金、周转资金的周转是否合理，往来账户是否按时处理，专项特批资金是否专款专用。第三，库存现金与银行存款监管是否符合章程。

高校专用基金、专项资金的监督内容基本有：第一，专用基金依照法定的比重提取，要做到专款专用、量入为出，并且要设立专门的账户进行监管。第二，专项资金要依照规定的项目与用途使用，定期监察使用的效率与效益，监督是否有截留挪用的问题。

（4）其他方面的监督

高校财务监督的内容包含很广泛，除以上几个方面之外，还有以下几点。第一，是否把行政事业经费挪用于其他项目方面的现象。第二，是否有违背高校财经法规，例如肆意挥霍国有资产的现象，是否有贪污、挪用等违规情形。第三，是否有私自增减员工薪资、补助、福利和私下发放实物的现象。

3. 高校财务监督主体辨析

财务监督主体是指与行政单位的经济行为存在着直接或者间接关系的经

济组织。简言之，财务监督的主体可以划分为内部财务监督主体与外部财务监督主体。外部财务监督的主体主要指会计师事务所、证券监督管理委员会等中介服务单位。而内部财务监督的主体是指的企事业内部自身设立的财务单位部门、审计单位部门等。

（二）高校开展财务监督规范与责任要求

高校作为行政事业单位，其财务核算与管理均执行《政府会计准则》《事业单位财务规则》和《高等学校财务制度》等规定。由于院校内外部情形产生深度改变，经济行为越发交错复杂。利用好高校资金，确保其使用规范与安全，是现在与之后高校财政管理的主要开展方向。随着高校事业的不断开展，高等学校国有资产规模持续加大，怎样避免高校国有资源流失，并且能够保值增值，这就对高校财务监督提出了新的要求。

1. 国家发展总体规划要求

近几年，国有资产监管、行政收支划分等财务革新持续进行，对学校内部财务监提出了规范化要求。由于高校体系变革持续进行，财务工作较为复杂，所以急切需要建立健全高校财务机制。纵观发展趋势，高校迈入提升教育质量的稳步发展阶段。从高校自身管理需要看，高校财务监督还有很多薄弱环节。加强财务监督就为之后学校财务活动的中心。

2. 会计准则层面

2015 年 10 月 23 日，国家财务部门正式公布《政府会计准则——基本准则》（财政部令第 78 号，以下简称《准则》）。《准则》第四条要求："政府会计具体准则及其应用指南、政府会计制度等，应当由财政部遵循本准则制定。"《准则》第五十八条要求："本准则所称预算会计，是指以收付实现制为基础对政府会计主体预算执行过程中发生的全部收入和全部支出进行会计核算，主要反映和监督预算收支执行状况的会计。"如此，就有利于稽核高校会计信息的真实完整性，并且有利于进行高校的绩效评估，有利于高校资源合理管理与利用。

3. 高校财务制度方面

《事业单位财务规则》和《高等学校财务制度》等财务制度对高等院校相关经费的筹资、支配、利用等行为作出规定，据此可开展监督与管控活动。

（三）高校开展财务监督动因分析

1. 行为规范合规

相关法律、法规对高等学校的财务预算编纂和监督作出了规范。通过高校财务活动的监管审查，对该部门的财政收支和经营管理工作进行监管和鉴证，譬如检举受贿行为、违章活动、浪费与低效率办公。继而可以维护财政法纪，确保高校的财会报告与报表核算的真实性、准确性，确保我国资源的安全性与完整性。切实维护起我国社会主义经济秩序，巩固特色社会主义法制，促使各高校尽最大的可能以较低的成本，为社会大众提供更好的服务，树立廉洁高校形象，维护高校在广大人民群众心目中的优秀形象，提升高校财政职员与部门负责人的法治思维。

2. 确保资产安全

开展财务监督能够保障国有资产的安全。资产管理包含流动资产管理、固定资产管理与无形资产以及递延资产管理。高校资产监管不能单看需求，还要顾及采购成本与资金占用。让资产不但可以匹配正常的教学目标，还能节约高校资本。高校必须做好资产监管，避免固定资产闲置，让其保值增值，为高校带来经济收益。

3. 运转高效有序

按照企业财务监督治理流程，在学校财务管理中建设内部财务监督机制，可以提升学校财务监督管理效率。其中，完善、科学、有效的财务监督制度可以规范、约束高校的经济活动，加强资源配置的效率，为学校长远、持久的发展提供保证，财务监管在中国学校历史进程中具有战略化的重要地位。学校财务监督变为了其财务管理的一个突出关注点。

（四）高校开展财务监督现状

我国高校教育机制变革增加高校在自主办学、自主招生、融资等方面权力，高等学校慢慢演变成可以独自办学的法人实体。自我国改革开放以来，高等学校的招生、办学体系急速增加，多元化融资方式已经渐渐落实形成，教育科研技术稳步上升，学校教育已经实现了由精英化到大众化的里程碑。由于学校发展迅速，突出表现在财务行为日趋繁杂和自主抉择权力加大，学校在财务方面的问题日益凸显。这种情形折射出当前高校管理监督机制尚不健全、高校监督体系薄弱的问题。为提升高校财政监管的层次，保证高校健康稳步地发展，完善高校内部财务监督机制变得极度迫切。

1. 对财务监督的认知

在中国公办高校争先扩充教学规模的环境中，高校高层并不是很在乎高校内部财务监督。通常用学校财政管理制度替换学校财务监督制度，高层对内部财务监督的行动贯彻仅是应付交差，并未理解内部财务监督对财务工作与高校未来发展战略的核心性。因此，高校财务单位的职工高校内部财务监督的理念淡薄，主体界定模糊，财务人员错误地认为监督是外部审计、监察，或者国家纪委对其进行监察，财务部门就是接受监督的一方，即便在高校内部，也是学校审计等部门去执行，表现为从高层至基层都不重视高校内部财务监督体系的贯彻实施。甚至有人以为高校内部财务监督并未具有实践指导效果，还妨碍高校开展工作。

2. 财务部门的监督职能

过去学校财务工作的中心关键就在核算，在此思想引导下，员工就普遍认定学校财务监管行为是从属于学院会计职责领域。这种错误的观念普遍影响学校内部财务监督活动开展，所以学校缺少正规的监督体系。而且就算有财务监督制度，大多也以会计核算开展办公。不单单增添会计职员的压力，并且某种意义上大大削弱高校财务监督的权威性。

3. 财务管理制度规范

虽然相关法律、法规已经明确赋予财务人员监督权限，然而在现实条件下，财务人员隶属于高校财务部门，他们自身利益与部门利益紧密相连，职工的工资、福利、晋级、奖惩等工作待遇都依照部门领导人裁决，当部门的局部利益与高校的整体利益起冲突的状况下，部分财务人员出于对切身利益的衡量，很难态度坚定地去维护高校利益。所以，现行财务监督机制已经严重地束缚了财务职工依法履行会计监督的职责。

4. 财务监督方法与手段

目前中国高校财政监管方法僵化，其监督的范围并未准确敲定，许多高校也只进行事后监督。但是事后监督由于缺乏时效性，通常较难起到相应的监督功效，就算最后追究到具体负责人并追究其责任，但是发生的严重后果已经无法挽回，已经不可以起到实质性的内部监督作用。同时，实际操作的方法抉择中，单单是用书面监督为主，往往是追查凭证、翻阅账簿、稽核报表，未能全方位对高校财政行为进行整体把控。还有部分高校局限于对会计原始凭证的审核监督，但对其余行为例如对外投资、基建和招生等容易出现问题的环节少有内部跟踪监督，方法手段过于单一、滞后。

单一的规定要是没有相关制度相互匹配，那就是死的规定，并无法处理财务活动中出现的相互关联与影响的复杂问题。史学家钱穆先生曾提到："无论哪套体系，都不是孤立存在的。各项规定之间，必定是相互依存，构成一个整体。否则那些体系相互分隔，绝不会存在，同样就不能推行。"简言之，单一、独立的规定是根本不能管制错综复杂的经济行为的，我国公立学校的各项财政规章，譬如收费分配管理规定、预算管理规定、资金审批管理规定、资金管理规定等，没有任何一项是单一成立的，但这些制度往往需要有关单位全力配合才能落实。因为公立高校自身是培养高等人才的基地，有些人力的消耗与物质资源的投入都是难以量化的，往往制作下一年度的单位经费预算时，就很难对以前年度的财政经费做出有效的绩效评估，更加难以规范其应该达成的经济效益，所以无法有效地做出经费绩效的奖励与惩戒，一直处于一个模糊的背景下前行。以绩效工资的发放为例，先需要单位部门制定严格的人员考勤管理规定与晋升考核规定，之后集中到高校人事单位，给出分配发放提案，再呈递财务部门，这些规章制度全部连带职工经费的管理，各项制度是相关的，不然，就很难有效落实。再例如，学校的教学成本稽核、收入支出分配、资产配置管理、绩效评估考核相关规定如果不能衔接起来，就不能达成资源的合理配置、增收节支、提高教学收益的最终目标。

5. 监督结果的运用

之前，学校内部财务监督只对财会报表进行事后审核，但事前监督大多未曾进行。由于高校机制变革的深入，学校要应对的压力与日俱增，单靠事后监督未能适应学校建设的目标，监督必须使得学校的开展事先准备高品质的指标，才会让学校立足。所以，事前监督，譬如教育收支，招生率和就业率等许多标准必定要求监督。一事一议，需要较好地结合具体业务的监督结果，对同类事项进行规范。

第三节　新形势下高校财务管理的内容流程及目标

一、新形势下高校财务管理的基本内容

高等学校的财务管理内容就是对高校资金进行计划管理，对教育事业经

费进行管理，“专项补助”经费的财务管理对预算外资金进行管理，对基本建设资金进行管理以及财务决算管理等。

（一）计划管理

在新形势下，高校财务管理的基本内容之一是计划管理。计划管理是指制定、执行和控制财务目标和计划的过程，旨在实现高校财务管理的有效性和效率。

以下是高校财务管理中计划管理的基本内容：

1. 财务目标设定

制订明确的财务目标是计划管理的起点。高校应该根据战略目标和发展需求，设定合理的财务目标，如财务收入增长目标、成本控制目标、资产利用率目标等。

2. 预算编制

预算编制是将财务目标转化为具体的财务计划和预算的过程。高校应制订年度预算和中长期财务计划，包括收入预算、支出预算、投资预算等，确保资源合理配置，支持高校的教学、科研和发展需求。

3. 资金计划

高校财务管理需要对资金进行合理的计划和管理。包括短期资金计划，确保日常经营活动的资金需求得到满足；中长期资金计划，用于支持高校的发展和投资需求；风险管理，预防和减少资金风险。

4. 绩效目标设定与考核

设定与财务管理相关的绩效目标，并建立相应的绩效评价和考核体系。通过设定明确的绩效目标，激励和引导相关部门和个人积极参与财务管理，提高工作效率和质量。

5. 监控和调整

财务计划的执行过程需要进行监控和调整，及时发现偏差和问题，并采取相应的措施进行调整。通过定期的财务报告、绩效评估和内部控制机制，确保计划的执行与目标的实现相一致。

6. 沟通和协调

计划管理需要各部门之间的沟通和协调，确保财务目标和计划与高校的整体战略和发展方向相一致。财务部门需要与其他部门紧密合作，共同制订和执行计划，实现高校整体目标的协同。

通过有效的计划管理，高校能够合理规划和利用财务资源，提高财务管理的效能和效率，为高校的稳定发展和提升综合实力提供有力支持。

（二）教育事业费的管理

在新形势下，高校财务管理的基本内容之一是教育事业费的管理。教育事业费是高校用于支持教育事业的经费，包括以下五部分。

1. 综合定额管理

综合定额是高校财务管理的核心部分，它是按照国家规定的比例从学费中划拨给高校的固定经费。高校需要合理规划和管理综合定额的使用，确保其用于教学、科研、人员培养和基础设施建设等方面，提高教育质量和办学水平。

2. 专项补助管理

专项补助是高校教育经费的重要组成部分，用于特定的教育项目、科研项目和人才培养等方面。高校需要按照相关政策和规定，合理申请、使用和管理专项补助，确保专项经费用于支持高校的特定需求和重点发展领域。

3. 系统工程管理

高校财务管理需要实施系统工程管理，将各项财务管理工作纳入统一的规划和控制体系中。这包括建立完善的财务管理制度和流程，确保财务管理的规范性和有效性；制订年度财务计划和预算，确保资源的合理配置和使用；建立健全的财务报告和审计机制，及时监控和评估财务状况。

4. 目标管理

高校财务管理需要明确和设定财务目标，并建立相应的目标管理体系。这包括制订财务指标和绩效目标，建立绩效评价和考核机制，激励和引导相关部门和个人积极参与财务管理，实现高校财务目标。

5. 信息化管理

高校财务管理需要借助信息化技术和系统，提高管理效率和质量。这包括建立和应用财务管理信息系统，实现财务数据的准确记录和分析，支持决策和监控；推动电子化财务流程和报表，提高工作效率和信息传递的准确性。

通过有效的教育事业费管理，高校能够合理配置教育经费，提高教育质量和学校的整体竞争力。同时，财务管理的规范性和有效性能够保障高校财务的稳定运行，提升资源利用效率，加强财务监督和控制，促进高校可持续发展。在新形势下，高校财务管理需要与国家的财政政策和高校的发展战略相配合，注重财务信息公开和透明度，强化风险管理和内部控制，加强与各部门的合作与沟通，实现财务管理与高校整体目标的一致性。同时，高校财务管理还需要不断适应和应对外部环境的变化和挑战，积极探索创新的财务管理模式和方法，提升财务管理的效能和质量。

（三）“专项补助”经费的财务管理

“专项补助”经费是高等学校经费的重要组成部分。“专项补助”经费包括专项设备费（教学设备费、一般设备费）、专项维修费、科研费、研究生导师补助费、外籍专家费、离休退休人员生活费、差额补助费等。教学设备费的使用，要根根学校的培养目标、科系设置、科研方向，实行系统工程，全面规划，进行科学管理。教学设备费的运用，既要保证重点，又要照顾一般，坚持加强基础逐步提高的原则。紧紧围绕培养目标，以增加开课率和提高教学质量为目的。要选择那些投资较少，见效快，收益大的实验项目和实验室进行重点建设。

（四）预算外资金的财务管理

高等学校的科学研究、社会服务功能的发挥使高校具有一定的创收能力，这是高校预算外资金的主要来源。在国家相关政策的指导下，高校可将存留资金进行集中核算管理。这项工作政策性很强，需要处理好国家、学校和个人之间的三者关系。

（五）基本建设资金的财务管理

基本建设是办好学校的最根本的条件，是学校发展的重要组成部分。高校基本建设资金，源于国家预算拨款、地方投资和自筹资金。基本建设投资额度确定之后，应当贯彻以教学为主，教学科研相结合的原则，集中力量搞好重要项目，使其尽快建成交付使用，避免财力、物力、人力的分散、充分发挥投资效益。由于学校规模和条件不同，有的学校基本建设资金由基建部门单独管理，有的由财务部门管理，无论属于哪种管理形式，财务职能部门都要实行监督和检查。

（六）财务决算管理

财务决算是年终必须编制的重要财务活动，是高等学校经济活动在财务管理上的集中表现，通过财务决算检查年度财务工作在贯彻党和国家方针、政策、路线方面的成绩、经验、教训，要通过决算总结经验教训，通过总结经验教训改进工作。

二、高校财务管理的基本流程

高校财务管理流程包含财务管理的每个环节，然而每个财务管理环节业务都有着很大的不同，所以财务管理各流程中信息的互通对构建财务流程有至关重要的作用。通过网络信息技术等手段，实现财务会计流程与各个单位业务相互融合，实现财务业务协调的运作、信息资源的共享，以及实现财务管理信息化和一体化。想要使财务业务流程更加合理就要大力提高信息一体化程度。在高校财务各项事业的进行中提供一个财务信息公共信息平台可以对高校各项经济活动进行有效监控。其中主要包括以下几点：

（一）资金计划流程

资金计划流程是高校财务管理的基本流程之一，主要包括资金预测、资金需求、资金筹措、资金下拨、资金监控、资金报告等步骤。以下是资金计划流程的基本步骤：

1. 资金预测

根据高校的经营计划和财务需求，对未来一段时间内的资金情况进行预测和估算。这包括收入、支出、投资、融资等方面的预测，以便合理安排资金的使用和调配。

2. 资金需求

根据资金预测的结果，确定高校在特定时期内的资金需求。这包括运营资金、项目投资、设备采购、人员招聘等方面的资金需求。

3. 资金筹措

根据资金需求，制订资金筹措计划。这可能涉及内部资金调动、向上级部门申请资金、借款融资、开展项目合作等方式，以满足高校的资金需求。

4. 资金下拨

一旦资金筹措到位，财务管理部门将按照预算和资金计划，下拨资金。这包括将资金按照具体用途和部门进行分配和划拨，确保资金的有效使用和管理。

5. 资金监控

财务管理部门需要对资金使用情况进行监控和审计，确保资金的合理使用和运作。这包括对各项资金支出进行核对和审批，及时发现和解决资金管理中的问题和风险。

6. 资金报告

财务管理部门定期向相关部门和领导层提供资金报告，资金报告能反映资金的流向和使用情况，以便相关部门和领导层监督和评估财务状况，并为决策提供参考依据。

资金计划流程的目标是合理安排和管理高校的资金，确保资金的有效利用和流动，满足高校的财务需求，促进高校的可持续发展。这一流程需要财务管理部门与其他部门密切合作，确保资金计划的顺利实施，并根据实际情况进行调整和优化。同时，资金计划流程也需要遵守相关法律法规和财务管理制度，确保财务活动的合规性和透明度。

（二）资金调配流程分配管理

资金调配流程是高校财务管理的基本流程之一，包括资金的分配和管理。以下是资金调配流程的基本内容：

1. 资金集中归集

高校财务管理部门将各项收支账户的资金集中归集到财务核心总账户。这包括收集和汇总来自各个部门和账户的资金余额，确保所有资金都集中到核心账户中。

2. 资金分配

财务管理部门根据高校的财务需求和预算计划，对资金进行合理的分配。这包括将资金按照各个部门、项目或活动的需求进行分配，确保每个部门或项目都能够获得所需的资金支持。

3. 零余额管理

在资金调配流程中，最终目标是实现保持分配账户以及子账户的零余额。这意味着每个账户的余额应尽可能接近零，以最大限度地利用和管理资金。这要求财务管理部门进行精确的资金分配和调配，确保每个账户的资金使用完毕，避免出现资金闲置或浪费。

4. 资金监控和审计

财务管理部门需要对资金的分配和使用情况进行监控和审计，确保资金的合规性和有效性。这包括对各个部门或项目的资金支出进行核对和审批，及时发现和解决资金管理中的问题和风险。

5. 资金报告和沟通

财务管理部门需要定期向相关部门和领导层提供资金报告，反映资金的分配和使用情况。这有助于监督和评估财务状况，并为决策提供参考依据。此外，财务管理部门还需要与各个部门进行沟通和协调，确保资金调配流程的顺利实施。

资金调配流程的目标是实现资金的有效分配和管理，确保高校的各项活动和项目能够得到适当的资金支持，提高资源利用效率和财务运作的透明度。在执行资金调配流程时，财务管理部门需要遵守相关法律法规和财务管理制度，确保财务活动的合规性和准确性。此外，定期的资金监控和审计是必要的，以确保资金的合理使用和风险的控制。

（三）内部结算流程

通过资金管理系统的处理才能实现高校内部的所有交易，资金是在财务内部账户之间的而不需要实际调拨资金。内部结算流程主要是由任何交易一方提出需求，然后到资金结算中心进行需求认证，再由相关系统自动生成资金划转单，最后自动调整双方的账户余额，进而实现核算并生成记账凭证。

（四）外部结算流程

外部结算流程包括付款流程和收款流程，它是高校外账户的资金流动过程以及内部账户的资金流动过程。经过由二级单位发起收款付款的流程，再根据财务相关规定进行审核，而后从资金结算中心处理对外资金流转，最终自动生成记账凭证，相关数据上传到总账系统。

三、新形势下高校财务管理目标的转变

高校财务管理目标是高校从事财务管理活动所期望达到的目标，它是高校内部一切经济活动的根本，决定着高校财务管理的基本方向，也受制于高校总体的发展目标。

随着我国社会主义市场经济体制的建立和高等教育体制改革的逐步深入，尤其是随着知识经济时代的到来，高校传统的统收统支的财务管理体制发生了很大的改变，其财务管理目标也发生了很大的转变。

长期以来，由于高校特殊的社会定位及本身规模庞大、机构众多，各部门之间在性质上、职能上、目标上的差异决定了我国高校的财务管理目标不可能是单一的，而应是一个能适应高校内外各种环境因素变化的综合目标群。该目标群是由一个起主导作用的总目标和若干个起辅助作用的具体目标组成。在实践中，总目标是高校整体的财务管理目标，具体目标则由筹资管理目标、投资管理目标、成本管理目标和分配管理目标组成。在高校的发展过程中，随着社会主义市场经济体制和高等教育体制的逐步完善，高校的财务活动已由过去的封闭型转向开放型，财务目标也从单一化、事业化转向多元化、产业化，并逐步走上了理性化、科学化和合理化的轨道。其转变的表现有如下几个方面：

高校整体财务管理目标已由过去单纯强调社会效益最大化转向追求经济效益与社会效益最大化。

多年来，我国高等教育一直运行在以强调政府行政控制为基础的制度环境中，形成了单一的行政运行机制，这种机制使我国高校只能按生产纯公共产品的要求从事纯粹的教育活动，培养合乎社会需要的合格毕业生，实现社会效益最大化。但在我国高校成为独立自主、自我约束、自我发展的法人主体后，政府包办教育的运行机制被彻底打破，在效益导向的办学模式下，高校的财务管理已不再局限于为办学服务，还要在服务于办学过程中，将其

管理活动范围拓展到能够创造办学效益的所有领域内，实现以社会效益为中心，不断增强创收能力，以达到经济效益的最大化。

筹资管理目标由过去单纯依靠政府经费拨款转向多方开辟筹资渠道，严格控制和防范财务风险，降低筹资成本。

传统体制下的高校所有经费收支完全由国家包揽，高校财务管理局限于如何理财，但在高等教育由政府宏观调控、学校面向社会自主办学的体制建立后，高校财务管理面对的不只是如何理财，还有如何不断增加制造血液功能，努力生财、聚财的问题。近几年，我国高校进入了积极探索产业化办学和全面深入扩大发展的新时期，一方面高校面临大规模办学及基建投资的需要，另一方面政府教育投入相对不足。所以，如何以最低的筹资成本和财务风险筹集到满足高校办学和发展所需要的资金已成为当前高校财务管理的一项重要内容。

投资管理目标由过去单纯依靠政府投入改善高校软硬件环境转向充分考虑资金的时间价值和风险价值。

要严格控制和防范投资的片面性和短期行为，选择最佳投资方案，对投资的风险与收益、投入与产出进行客观分析和科学衡量，合理配置与优化资源，实现投资效益最大化。成本管理目标由过去量入为出、不考虑成本效益转向以成本效益为中心，讲究办学效率。要不断提高教学质量，努力寻求降低办学成本的最佳途径，在培养合格人才的前提下力求以最少的投入获取最大的效益。

分配管理目标由过去平均主义、收入均等化分配转向立足于实际，采用零基预算等先进的预算分配方法。主要是建立当期分配与延期分配、短期激励和长期激励相结合的分配机制，统筹兼顾，科学安排，合理地平衡国家、学校、部门、职工之间的经济效益和社会效益。

第三章
新形势下高校会计制度的变化

第一节　会计核算模式

一、《政府会计制度》下高校会计核算工作的重要性

（一）高校财务部门的高效运行

高校会计核算工作是高校财务部门工作职能的核心部分。《政府会计制度》对高校财务管理提出高要求，要求高校财务部门按照规定的会计准则和制度进行会计核算。只有做好会计核算工作，高校财务部门才能高效运行，提供准确、及时的财务信息，为高校的决策提供支持。

（二）高校自身的发展变革

高校会计核算工作直接关系高校自身的发展变革。会计核算工作的准确性和规范性对高校的财务管理、资源配置和决策起到重要影响。通过有效的会计核算工作，高校能够实现财务资源的合理配置，优化财务决策，提高教学质量和学校的整体竞争力。

（三）财务透明度和监管要求

《政府会计制度》对高校财务管理提出了更高的透明度和监管要求。会计核算工作的准确性和规范性是实现财务透明度的基础，也是履行财务监管职责的重要保障。通过规范的会计核算工作，高校能够提高财务信息的真实性和可靠性，增强财务管理的透明度，满足政府和社会对高校财务管理的监管需求。

资源配置和效益评估：高校会计核算工作是资源配置和效益评估的基础。通过准确记录和分析财务信息，高校能够对资源的配置和使用进行评估

和调整，实现资源的最优配置，提高教育教学和科研的效益。会计核算工作为高校提供了财务数据和指标，为决策者提供了重要的参考依据。

《政府会计制度》下的高校会计核算工作对高校财务部门的高效运行、高校自身的发展变革、财务透明度和监管要求以及资源配置和效益评估都具有重要性。高校需要重视和加强会计核算工作，确保其准确、规范和有效，以推动高校的财务管理和发展。高校应加强会计核算人员的培训和专业素养提升，建立健全会计核算制度和流程，确保会计核算工作的准确性和规范性。同时，高校应加强内部控制和风险管理，确保财务数据的安全性和可靠性，防范潜在风险。

二、《政府会计制度》下高校会计核算工作的优势

（一）财务部门工作人员权责分明

《政府会计制度》明确了财务部门工作人员的职责和要求，使其在工作中有明确的分工和责任，提高了工作效率和质量，减少了工作漏洞和责任模糊的情况。

（二）科目分配与分类明确

《政府会计制度》对高校会计核算中的科目分配和分类进行了明确规定，使财务部门工作人员在会计科目的使用和记录上更加规范和有序，减少了错误和混淆，提高了会计核算的准确性。

（三）创新的财务会计和预算会计

《政府会计制度》增加了财务会计和预算会计两项内容，为高校会计核算工作带来了新的创新。财务会计注重财务数据的记录和报告，使财务信息更加透明和准确；预算会计强调预算管理和资源分配的规划性，使高校能够更好地掌控财务资源，提高财务决策的科学性。

（四）提高了会计核算的规范性和可比性

《政府会计制度》对会计核算的规范性要求更加严格，使高校的财务报表更加准确和可比。这有助于高校之间的财务比较和绩效评估，促进资源的合理配置和效益的提升。

（五）信息化支持

《政府会计制度》鼓励高校借助信息技术和系统，实现财务信息的采集、处理和共享，提高财务管理的效率和准确性。信息化支持使会计核算工作更加便捷和高效，也提供了更好的数据分析和决策支持。

《政府会计制度》下的高校会计核算工作在权责分明、科目明确、创新性、规范性和信息化支持等方面具有优势，为高校财务管理提供了更好的基础和支持。高校应积极根据会计制度的要求，不断完善会计核算工作，提升财务管理水平和效能。

三、《政府会计制度》与原高校会计核算模式的比较

《政府会计制度》提出了固定资产折旧以及无形资产摊销等科目，对固定资产和无形资产的核算方式进行了合理更新，根据使用年限分摊资产，能够有效地反映高校资产的价值，有助于了解和管理教育成本。"待处理财产损溢"科目也增加到会计管理制度中，将资产的实物管理原则与价值管理原则融为一体使用，可以实时获得固定资产和无形资产的价值信息，帮助资产核算工作高效进行。

（一）会计科目体系的变化

《政府会计制度》会计科目采取的是 5 类财务科目加 3 类预算科目并存的会计要素形式，政府会计的科目合计 103 个，其中财务会计科目 77 个，预算会计科目 26 个。

《政府会计制度》将财务会计和预算会计进行分离，在强调财务会计的

权责发生制的同时，加强了预算会计在核算公共资金平衡和资金的利用情况，能够全面地反映高校的受托责任的履行情况，使会计核算将不同的功能进行集合，使会计核算更加细化全面，提高了会计信息的详细度。

（二）固定资产与无形资产核算的变化

《高等学校会计制度》折旧和摊销金额只对冲净资产或非流动资产基金净值，不计入当期成本，这种方法看不到折旧费用在哪里，不利于反映真正的运营成本，摊销无形资产和固定资产折旧的工作只是属于“空谈”。《政府会计制度》将无形资产的摊销与固定资产的折旧结合起来，统一处理。严格按照按月计提折旧的会计方法，使高校费用的配比更加科学。

1. 账面价值计量方面

根据《政府会计制度》，固定资产达到预定可使用状态之前所发生的一切必要支出都应计入固定资产的初始入账价值，且固定资产计量属性可依次按历史成本、评估价值、市场价格（重置成本、现值、公允价值）和名义金额来计量。账面价值并不是一成不变的，当发生后续支出以及重新估价等问题时，应动态对价值进行进一步确认。高校应认识到这一问题的重要性，对资产的实际价值作出客观评价，逐步纠正账面价值与实际价值偏离的问题，从而提升账面价值的准确性、真实性和实用性。

2. 成本核算方面

如果采用“虚提折旧”的会计核算方式，随着时间推移，资产账面价值与实际价值差距越来越大，且虚体折旧不计入支出或费用，导致高校对固定资产管理缺乏成本理念，效益低下。《政府会计制度》中明确了固定资产计提折旧的方法，要求对折旧费用进行科学合理的分摊，分别计入相关活动的成本和费用中，提高了成本核算的准确性，也为固定资产管理提供可靠的数据资料，提高管理效率和水平。

3. 资产管理方面

《政府会计制度》实施后，资金使用的绩效考核要求更加严格，高校可借助信息化手段，收集数据、共享数据，提高固定资产管理水平。购置资产前，需认真分析资产的未来使用频率、对事业发展的贡献率以及是否已经存在类似用途的其他设备等情况，确定购置资产的必要性，尽量减少资产闲置的可能性。资产投入使用后，应密切关注其价值变化，正常计提折旧、核算成本，尽快形成规范、系统的固定资产资金使用绩效评价体系。

（三）投资核算的变化

我国有很多高校都有自己的校办企业，2015 年开始，我国对校办企业进行全面的清理，将高校的业务与校办企业的业务彻底分开。高校作为校办企业的股东，仍然具有对校办企业的控制权。《政府会计制度》将高校会计制度中的“长期投资”的会计科目细化分解为“长期股权投资”和“长期债券投资”两个核算科目，与《高等学校会计制度》的该项会计科目相比产生了较大的变化，并且在核算中采用股权法，例如，对于长期股权投资，《高等学校会计制度》的核算时在收购时将投资确认为资产，同时减少企业资金，增加非流动资产资金，但不需要确认支出。《政府会计制度》是采用股权法将财务会计取得投资时确认收入，在预算会计中作出投资支出，在这种情况下，长期股权投资的增加和减少就会比《高等学校会计制度》更加准确，能够在财务报表和决算报表中体现高校的投资情况。

（四）备抵法处理坏账

《政府会计制度》对高校的一个比较明显的影响是引入了坏账准备。加强折旧费用和增加坏账拨备，都是会计审慎原则的体现。增加坏账准备的规定是高校根据权责发生制的会计基础和事业单位业务多元化发展的新形势提出的新要求。

（五）基建会计核算的变化

按照《高等学校会计制度》的规定，单位基础设施需要单独设置账户，每月至少将基础设施会计数据纳入单位“大账”。《政府会计制度》进行了新的规定和要求，取消了基建会计单独准备账户和核算要求，统一基础设施项目到单位“大账”中，从而减少核算工作，解决基建账和“大账”明细账记账的账户不一致的问题，改善高校会计信息的一致性。

1. 高校基建会计制度发展进程

高校基建会计从《国营建设单位会计制度——会计科目和会计报表》颁布开始，即开启了独立核算体系模式，之后经历一系列的完善和变动，具体可分为三个阶段：

第一阶段，高校会计主体共两个：其一为基建会计核算基本建设投资的经济业务，其二为事业会计核算教育事业经费等的运行情况。这种核算方式在特定历史环境下、社会环境下可细化反映基建项目整体支出状况，在当时来看，是一种比较有效且妥帖的方式，有着较好的作用，报表的分散是其主要不足。

第二阶段，随着《高等学校会计制度》和《新旧高等学校会计制度有关衔接问题的处理规定》的先后颁布，转变了高校传统的基建核算方式，呈现出一种基建账并入新账的新模式，并账的好处是可以较为全面与真实地反映总财务情况，这种方法与模式在当时很适用。

第三阶段，即《政府会计制度》的颁布和落实，让高校基建核算迎来了新的格局和挑战，以往完全独立地与合并报表核算体系已经面临淘汰局面，取而代之的是新形势下的基建项目或单项工程的明细核算，这样一来，就可在一套账目中窥探整套财务状况，可明确反映高校的整体偿债能力，数据及整体状况一目了然，省去了较多烦琐程序，不失为一种高效核算手段。

2.《政府会计制度》下高校基建会计核算变动及对比

(1)《政府会计制度》下高校基建会计核算变动

首先，会计核算模式发生根本变化。以往较长一段时间内，高校基建核算模式均是独立存在的，《政府会计制度》的出台和实施，呈现出一种“适度分离”的会计核算模式，促使会计核算模式得到重新架构机会。与此同时，固定资产折旧也变得更易处理和管理，进一步规范了高校的会计核算行为，一定程度上避免了高校基建会计核算混乱局面的出现。

其次，预算管理更为精细化。高校的基建会计核算呈现出新的面貌，面对着核算的高标准、高要求，高校基建会计核算也在逐渐精细化，避免了较多风险与问题，优势在不断显现。

最后，会计核算体系的升级和报告体系的增加。《政府会计制度》下的高校基建会计实现了“双重核算”，在一套账目中完成财务与预算两个体系的核算，一项经济业务同时编制财务会计和预算会计分录。就报告体系增加方面，要求学校做好财务状况、运行情况和现金流量等相关财务报告，与以往体系截然不同。

(2)《政府会计制度》实施前后高校基建会计核算优劣对比分析

《政府会计制度》实施前的高校基建会计核算主要为独立性质，且需要将基建账目并入学校“大账”，这种核算方式有好处，也存在弊端。

优势：在“大账”中双分录核算，列为“支出”的同时，可充分且明了反映会计信息；从“基建账目”中可清晰反映基建工程的成本构成明细，明细是竣工财务决算报表的重要信息，对于竣工财务决算报表可起到一定借鉴意义。

缺陷：其一，财务工作人员的工作量是巨大的，在工作量持续加大的同时，“大账”在“建设工程”科目中核算，也并不能具体反映“待摊投资”等内容，会给相关工作造成一定阻碍；其二，基建工程业务相关单据凭证需要双份，手续烦琐；其三，实务操作容易出现漏洞，容易耽搁后续工作的开展；其四，会计信息完整性不能保障，很容易出现“基建账”漏记账等问题。直接在学校“大帐”中进行基建工程业务核算优势与缺陷简述。

《政府会计制度》实施后，存在的优势与挑战如下：

优势：基建工程业务核算程序简单、明了化，可降低财务人员的工作量，也可进一步提高会计信息的完整性，漏记账的现象可明显减少和消除，实现了会计核算制度的转型和升级，保全了以往会计制度的精华且纳入了新形势下的创新核算内容，可成为制度的一次全面梳理和融合。

缺陷与挑战：《政府会计制度》的实施，对于高校基建会计核算来说，是一次转变与提升效率、质量的机会，对相关工作人员的业务能力有着严格与严苛要求，更需加强新制度的学习。

第二节　会计核算方式

将基建会计纳入统一财务核算工作中。将高校会计核算工作中加入基建和科研经费投资进行统一核算，可以提高核算工作的科学性和准确性。《政府会计制度》中设立了基建工程科目和在建工程科目，通过将基建账目加入总体会计核算工作中，可以有效对基建工作进行核算和详细记录，保证核算结果的可靠性。同时，《政府会计制度》在会计核算中引入了权责发生制，可以有效实现对收入和成本等消费的准确统计，并可以使财务信息保持准确性。在高校财务工作复杂的条件下，在会计核算工作中采用权责发生制可以充分提高会计核算工作的效果。

一、实施《政府会计制度》前后固定资产的会计核算方式对比

（一）取得时会计核算方式对比

在实施《政府会计制度》前后，固定资产的会计核算方式有一些差异。下面是取得时的会计核算方式对比：

1. 购入固定资产（不需要安装）

实施前，采用”双分录”核算方法。财务会计分录为：借记“固定资产”科目，贷记“非流动资产基金”科目；同时，根据实际支付金额，借记相应的费用账户，贷记“零余额账户用款额度”科目。

实施后，采用“平行记账”法。财务会计分录为：借记“固定资产”科目，贷记“零余额账户用款额度”科目；预算会计分录为：借记“事业支出”科目，贷记“资金结存”科目或“零余额账户用款额度”科目。

2. 捐赠、无偿调入取得固定资产

实施前，接受捐赠时按照确定的资产成本，财务会计分录为：借记“固定资产”科目，贷记“资产基金”科目；同时根据实际支付金额，借记“其他支出”科目，贷记“银行存款”科目。

实施后，采用“捐赠收入”科目核算。财务会计分录为：借记“固定资产”科目，贷记“捐赠收入”科目；同时根据实际支付金额，借记“其他支出”科目，贷记“资金结存”科目。

总的来说，《政府会计制度》实施前后对固定资产的会计核算方式存在差异。《政府会计制度》实施后更加注重预算会计和财务会计的结合，对资金来源、用途进行明确核算，强调资金的计划性和预算控制。这样的变化使得会计核算更加准确和规范，也提高了对财务信息的监控和透明度。

（二）计提折旧会计核算方式对比

计提折旧在《政府会计制度》实施前后的会计核算方式有一些差异。下

面是对比：

1.《政府会计制度》实施前的计提折旧会计核算方式

采用“虚提折旧”方法。根据固定资产的预计使用年限和残值率，计算出每年的折旧金额。

在会计核算中，借记“非流动资产基金——固定资产”科目，表示计提折旧的金额。贷记“累计折旧”科目，表示折旧费用的累计金额。

2.《政府会计制度》实施后的计提折旧会计核算方式

按月计提折旧，并根据实际用途将其计入当期费用或资产成本。根据固定资产的预计使用年限和残值率，计算出每月的折旧金额。

在会计核算中，借记相应的费用类科目（如“业务活动费用”“单位管理费用”等）或资产类科目（如“在建工程”等），表示计提折旧的金额。贷记“固定资产累计折旧”科目，表示折旧费用的累计金额。

总的来说，《政府会计制度》实施前后的计提折旧会计核算方式存在差异。《政府会计制度》实施后更加注重按实际用途计入当期费用或资产成本，使会计信息更加准确和真实反映资产的价值变化。同时，计提折旧更加符合经济业务的实际情况，提高了会计核算的准确性和适应性。

二、高校会计核算体系建立流程

政府会计准则制度改革带来的影响不只涉及财务部门，更是需要高校多部门相互协作，共同完成。

（一）成立工作小组，积极开展各项学习活动

在建立高校会计核算体系的流程中，以下是一些关键步骤：

1. 成立工作小组

财务部门应成立一个专门的工作小组，负责推动高校会计核算体系的建立和实施。该小组由总会计师亲自安排部署，并确定各成员的职责和任务。

2. 准备学习资料

工作小组需要为财务人员提供相关的学习资料，包括政府会计准则制度的基本准则、具体准则、会计科目等文件。这些资料可以来自财政部的通知和指导文件，以及其他相关的培训材料和案例分析等。

3. 集中交流学习活动

定期组织财务人员进行集中交流学习活动，以加深对政府会计准则制度的理解和应用。这可以包括组织专题讲座、研讨会、培训班等形式，让财务人员与会计专家进行互动交流，分享经验和解决问题。

4. 业务骨干培训

选派一些财务部门的业务骨干参加政府会计准则制度的培训，以掌握更深入的专业知识和技能。这些培训可以由财政部、行业协会、专业机构等组织提供，或者邀请专业培训机构进行定制培训。

5. 理念转变和学习政府会计体系

工作小组成员需要树立权责发生制的理念，并真正理解以权责发生制为基础的财务会计核算模式和以收付实现制为基础的预算会计核算模式并存的新型会计核算模式，应系统地学习政府会计体系，并熟悉已颁布实施的基本准则、具体准则、会计科目以及高等学校执行《政府会计制度——行政事业单位会计科目和报表》的补充规定和衔接规定等。

通过以上步骤，高校可以为建立政府会计准则制度下的会计核算体系做好准备，并确保财务人员对政府会计准则制度的要求有清晰的认识和理解。这将有助于顺利推进《政府会计制度》的实施，并提升高校财务管理的水平和透明度。

（二）编制会计科目使用说明

高校会计核算体系建立流程中，编制会计科目使用说明是一个重要的步骤。

1. 深入剖析会计科目定义

对财务会计和预算会计的科目进行深入的剖析，理解每个科目的含义和用途。对经常发生的经济事项内容进行详细说明，包括收入、支出、资产、负债等方面的科目。在说明中可以结合具体的例子和实际操作，以便财务人员更好地理解和应用。

2. 考虑高校特点作出职业判断

在理解科目使用规定的基础上，结合高校的特点和实际情况，需要考虑各科目是否符合高校的经济活动特点和管理需求。同时，对权责发生制下的同一会计科目的核算内容是否有变化进行评估。

3. 理解平行记账和财务会计与预算会计的关系

了解平行记账的规定和方法。理解财务会计与预算会计之间的局部分离和相互关联关系。具体地了解不同经济事项下每个科目的账务处理方法，包括记账规则和账务处理流程。

4. 对财务会计科目进行分类

根据财务会计和预算会计的要求，对财务会计科目进行分类。考虑不同层次的科目在预算会计中的记账规则，确保科目的分类和归集符合会计制度的要求。

5. 全面排查会计科目并进行梳理

对所有会计科目进行排查和梳理，特别是需要按项目核算的科目。根据高校的财务分级管理模式，设置项目信息，获取项目的相关信息，如所属部门、主管部门、经费性质、资金来源等。对已存在的项目进行分析和梳理，评估会计制度对核算内容和管理模式的影响，确定是否需要新增项目、拆分项目或合并项目。

通过以上流程，可以建立起符合会计制度要求的会计核算体系，并确保高校财务人员对会计科目的正确理解和运用。这将有助于高校顺利过渡和实施新的会计核算体系，提高财务管理的规范性和透明度。

（三）编制新旧会计科目对照表、经济分类科目表及预算科目表

在建立高校会计核算体系的流程中，编制新旧会计制度下的会计科目对照表、经济分类科目表和预算科目表是关键步骤。

1. 梳理新会计制度的会计科目

全面梳理《政府会计制度》下的会计科目，包括财务会计和预算会计的科目。理解每个科目的定义和用途，以及与旧会计制度下对应科目的关系。确保对现行的会计科目有全面的认知和了解。

2. 根据本校特点设置二级及次级会计科目

根据高校自身特点和管理需求，在符合会计制度要求的基础上设置二级及之后的次级会计科目。这些科目应能更好地满足高校的财务管理和核算需求，体现高校特殊的经济活动和管理模式。

3. 编制新旧会计科目对照表

将新会计制度的会计科目与旧制度下的对应科目进行对照，确保科目的连续性和对应关系。编制新旧会计科目对照表有助于财务人员快速理解新会计制度下的会计科目和核算规定，方便过渡和对照查询。

4. 编制经济分类科目表

根据新会计制度的要求，将会计科目进行经济分类，以便更好地统计和分析高校的经济活动。经济分类科目表应包括经济分类科目的定义、用途和相应的会计科目编码，确保科目的正确归类和应用。

5. 编制预算科目表

根据新会计制度的预算会计要求，编制预算科目表，明确各个预算科目的定义、用途和编码。预算科目表应与会计科目对应，并能够满足高校预算编制和执行的需求。

通过编制新旧会计科目对照表、经济分类科目表和预算科目表，高校可以更好地理解和应用新的会计制度，确保会计核算体系的顺利过渡和实施。

这些表格将为财务人员提供重要的参考和指导，促进高校财务管理的规范性和透明度。

（四）多部门协同工作，为新会计制度实施准备

在建立高校会计核算体系的流程中，多个部门需要协同工作，为新会计制度的实施做好准备。下面是具体的流程：

1. 开展资产核查工作

国有资产管理部门负责全面清查高校资产，明晰资产使用责任主体，并清理核实和归类统计固定资产、无形资产、对外投资等数据及明细科目的信息。这为准确计提折旧、拆分账户、摊销费用以及确定权益等提供基础信息。同时，建立资产和财务工作的联动机制，确保资产和财务数据的匹配，提升数据质量。

2. 清理分析往来款项

财务部门开展往来款项的专项清理和账龄分析工作，明确债权债务关系。这有助于规范和加强往来款项的管理，建立往来款项的定期清理机制，为准确核算资产负债和收入费用创造条件。同时，国有资产管理部门按规定程序及时核销坏账款项，制订坏账准备方案。

3. 规范合同管理

合同管理部门应加强各类合同的管理规范工作，明确责任主体，优化业务流程，并建立完善的合同管理制度和信息系统。收入类合同应明确收入权责的确认依据和时点要求，支出类合同应明确付款依据和进度时间，为按照权责发生制的要求进行账务处理提供依据。

4. 清理基本建设会计账务

基建部门和财务部门应进一步清理基本建设账务，按规定及时办理基本建设项目的财务决算和固定资产入账等手续。这为取消基建会计账套、统一基本建设业务的会计核算做好准备。

通过多个部门的协同工作，高校可以逐步完善和规范会计核算体系，确保新的政府会计制度的顺利实施。这些工作的开展有助于提升数据质量、准确核算资产负债和收入费用，并建立更加规范和透明的财务管理体系。

（五）升级财务软件

在建立高校会计核算体系的流程中，升级财务软件是一个重要的步骤。下面是具体的流程：

1. 升级财务软件

高校需要对现有的财务软件进行升级，以适应会计制度的新要求。这可能涉及软件系统的更新、功能的增强和界面的改进等方面。升级后的财务软件应能够满足会计科目、经济分类和预算科目等需求。

2. 导入新旧会计科目对照表

在升级后的财务软件中，将新旧会计科目对照表导入系统。这样可以确保新的会计科目能够正确地对应和映射到相应的旧会计科目，从而实现数据的转换和对应。

3. 检查可行性

进行系统升级后，需要检查导入的新旧会计科目对照表的可行性。确保新的会计科目能够正确地与财务软件中的相关功能和模块进行对应和匹配，以保证数据的准确性和一致性。

4. 平行记账测试

利用升级后的财务软件进行平行记账测试。选择一些典型的业务进行测试，包括会计核算、凭证录入、报表生成等环节，验证新的会计核算体系在软件中的运行情况。确保系统能够准确快速地生成符合新制度要求的账务信息。

通过升级财务软件并导入新旧会计科目对照表，高校可以利用现代化的技术工具支持会计制度的实施。这将提高会计核算的效率和准确性，并为财务管理提供可靠的数据基础。同时，通过平行记账测试，高校可以验证系统在新会计核算体系下的可行性和稳定性。

（六）将原账会计科目余额调整后转入新账会计科目

在建立高校会计核算体系的流程中，将原账会计科目余额调整后转入新账会计科目是一个重要的步骤。

1. 编制原账科目余额表

根据财务数据，编制原账科目余额表。该表记录了各个会计科目在原制度下的期末余额情况。

2. 编制原账科目余额明细表

根据相关规定的要求，编制原账部分科目的余额明细表。该表详细列出了需要调整的科目的明细余额信息。

3. 调整新账预算结余科目余额

根据原账科目余额表和相关规定，将原账预算结余科目余额登记到新账中。同时，对新账的“非财政拨款结余”科目和“资金结存”科目余额进行调整。

4. 调整其他科目余额

根据规定对需要调整的科目余额进行调整，例如“应收账款”“预付账款”“其他应收款”“应付账款”“应缴增值税”“预收账款”“其他应付款”“专用基金”等科目。

5. 编制新账科目余额表和资产负债表

根据登记及调整后的新账各会计科目余额，编制科目余额表。然后，根据这些余额编制资产负债表，并检查负债表是否平衡。

6. 调整财务会计科目余额

将原账科目余额转入新账的财务会计科目，并按照新会计制度规定的会计核算基础进行调整。

补提固定资产折旧和无形资产摊销：根据学校制订的固定资产折旧和无形资产摊销方案，根据资产使用情况进行补提折旧和摊销。

7. 计提坏账准备

对于收回后不需要上缴财政的应收账款和其他应收款，根据制订的坏账准备计提方案，提取相应的坏账准备。

通过以上流程，高校能够逐步建立符合会计制度要求的会计核算体系。这将有助于提高高校财务数据的准确性和可比性，增强财务管理的规范性和透明度，为高校提供更好的财务决策依据，并满足政府的监管和报告要求。

（七）财务软件测试和修订

在建立高校会计核算体系的过程中，对财务软件进行测试是非常重要的一步。以下是财务软件测试和修订的流程：

1. 设计测试方案

根据会计制度的要求，制订详细的测试方案，包括测试的范围、测试的步骤、测试的数据和测试的预期结果等。确保测试全面、系统并有针对性。

2. 进行财务软件测试

按照测试方案，使用财务软件进行测试。模拟各类经典的会计业务，涉及每个会计科目，确保软件在不同情况下的正确性和稳定性。检查平行记账的准确性和一致性，查找潜在的问题和错误。

3. 分析测试结果

对测试过程中的问题和错误进行分析，确定其原因和影响，并进行记录和整理。与财务人员和软件开发人员进行沟通，共同解决出现的问题，并及时进行修订。

4. 修订财务软件模板

根据测试结果和问题分析，对财务软件的模板进行修订。确保财务会计记账生成预算会计记账的模板准确无误，符合会计制度的要求。修订后的模板需要经过测试验证，确保其正常运行和正确生成预算会计记账。

5. 再次进行测试和验证

使用修订后的财务软件模板进行再次测试和验证，确保修订后的模板能够正确地生成预算会计记账。对测试结果进行比对和核对，确保修订后的财务软件模板符合预期结果。

6. 培训和沟通

为财务人员提供培训，使其熟悉修订后的财务软件模板的使用方法和操作流程。与各部门进行沟通和协调，确保全体员工了解和适应修订后的财务软件模板，协同工作，确保高校会计核算体系的顺利实施。

通过财务软件的测试和修订，可以确保财务软件与会计制度要求的高校会计核算体系相匹配，保证财务数据的准确性和可靠性，提高会计核算的效率和精度，为高校的财务管理提供有力的支持。

三、《政府会计制度》下高校会计核算方式变化

《政府会计制度》统一了行政单位、事业单位和医疗单位、学校、彩票等行业会计制度的内容，构建了政府预算会计要素和财务会计要素相互协调，决算报告和财务报告相互补充的“财务会计和预算会计适度分离并相互衔接”的双体系平行记账的会计核算模式。

（一）双体系平行记账原理

对纳入单位部门预算管理的现金收支业务采用“双分录”平行记账会计核算，在采用财务会计核算的同时又进行预算会计核算，例如以财政授权支付方式购买不需要安装的固定资产，需要进行双分录，财务会计核算做固定资产增加，预算会计核算做事业支出增加；未纳入部门预算管理的现金收支业务，只需要进行财务会计核算，例如收到受托代理的银行存款，只需要做财务会计核算，不做预算会计核算。

（二）双体系平行记账界定

预算会计账务处理是在财务会计账务处理的基础上“平行”进行。财务会计的核算基础是权责发生制，预算会计的核算基础是收付实现制。权责发

生制要求不论款项是否收到或支付，只要当期收入已经实现或费用已经发生，都要确认为当期的收入和费用。收付实现制要求只要是当期收到现金的收入或支出的费用，即使是以前期间的事项形成的，都要作为当期的收入和支出。因核算的基础不同，财务会计与预算会计在确认收入和支出的时点上不可避免地会产生差异，出现财务会计确认了收入和费用，预算会计没有确认预算收入和预算支出。预算会计确认了预算收入和预算支出，财务会计没有确认收入和费用的现象。

1. 收入与预算收入确认的差异

收入确认时间一般在符合收入定义和收入确认条件实现时，预算收入确认时间一般在实际收到时。收入与预算收入之间差异可分为暂时性的差异和永久性的差异。暂时性的差异主要发生在应收款项和预收款项业务时，如表 3–1 所示，永久性的差异主要发生在接受非货币性资产捐赠和对外借款时，如表 3–2 所示。

表 3–1　暂时性差异会计事项示例一

业务和事项内容		账务处理	
		财务会计	预算会计
以利息收入为例	计提利息时	借：应收利息 贷：利息收入	不做分录
	收到利息时	借：银行存款 贷：应收利息	借：资金结存——货币资金 贷：其他预算收入——利息收入
以预收技术服务费为例	收到预收款项时	借：银行存款等 贷：预收账款——× 单位	借：资金结存 贷：事业预算收入——科研事业收入
	确认技术服务收入时	借：预收账款——× 单位 贷：事业收入——科研事业收入	不做分录

表 3–2　永久性差异会计事项示例一

业务和事项内容		账务处理	
		财务会计	预算会计
以接受固定资产捐赠为例	接受捐赠时	借：固定资产 贷：银行存款（相关税费）捐赠收入	借：其他支出（支付相关税费） 贷：资金结存
	期末结转时	借：捐赠收入 贷：本期盈余	借：其他结余 贷：其他支出
以长期借款为例	借入款项时	借：银行存款等 贷：长期借款——本金	借：资金结存——货币资金 贷：债务预算收入
	期末结转时	不做分录	借：债务预算收入 贷：其他结余

2. 费用和预算支出确认的差异

费用确认时间一般在符合费用定义和费用确认条件的事项发生时，预算支出确认时间一般在实际支付时。费用与预算支出之间的差异亦可分为暂时性差异和永久性差异。暂时性差异主要发生在应付款项、预付款项、购买物资、固定资产、预提费用业务时（见表 3–3），永久性差异主要发生在对外投资和非货币性资产损失业务时（见表 3–4）。

表 3–3　暂时性差异会计事项示例二

业务和事项内容		账务处理	
		财务会计	预算会计
以应付职工薪酬为例	计算确认当期应付管理人员薪酬时	借：单位管理费用 贷：应付职工薪酬	不做分录
	授权支付方式向职工支付薪酬时	借：应付职工薪酬 贷：零余额账户用款额度	借：事业支出 贷：资金结存
以预付工程款为例	发生预付款时	借：预付账款——预付工程款 贷：银行存款	借：事业支出 贷：资金结存
	根据工程进度结算工程款时	借：在建工程 贷：银行存款	不做分录

续表

业务和事项内容		账务处理	
		财务会计	预算会计
以购入需要安装的固定资产为例	购入时	借：在建工程 贷：银行存款	借：事业支出 贷：资金结存
	安装交付时	借：固定资产 贷：在建工程	不做分录
以预提租金为例	每月预提时	借：业务活动费用 贷：预提费用	不做分录
	每月支付时	借：预提费用 贷：银行存款	借：事业支出 贷：资金结存

表 3–4　永久性差异会计事项示例二

业务和事项内容	账务处理	
	财务会计	预算会计
以购国库债为例	借：长期债券投资 贷：银行存款	借：投资支出 贷：资金结存
以盘亏固定资产为例	借：待处理财产损溢 固定资产累计折旧 贷：固定资产	不做分录

第三节　会计报表编制

政府会计制度的变化带来了会计报表的相关改变，对此高校应结合会计制度建立新型财务报告体系，保证会计信息资源得到良好的共享运用，提高财务报表的准确性和透明程度，加强高校会计核算水平。

高校会计制度改革前后的比较如表 3–5 所示。

表 3–5 《高等学校会计制度》与《政府会计制度》财务报告对比

报告类型	《高等学校会计制度》	《政府会计制度》
财务报表	资产负债表、收入支出表、财政补助收入支出表	资产负债表、净资产变动表、现金流量表、收入费用表
预算报表	无	预算收入支出表、预算结转结余变动表、财政拨款预算收支表

从表 3–5 可以看出，《政府会计制度》在高校实施后，财务会计报表制度得到了完善。高校财务报表中的资产负债表、收入支出表和财政补助收入支出表变为资产负债表、净资产变动表、现金流量表和收入费用表四张表，对于高校的资产使用情况更加全面地进行反映，其中，收入费用表中加入了成本科目，能够使高校对其经营管理的成本进行会计核算，为绩效管理提供依据；净资产变动表能够体现高校净资产的变动情况，现金流量表也能够对高校的现金流动情况进行体现。高校会计制度没有决算报表，不能够对高校的预算执行情况进行反映，相比《高等学校会计制度》,《政府会计制度》增加了预算报表，包括预算的收入支出表、结转结余变动表以及财政拨款的预算收支表，能够全面地反映高校的预算执行情况。

一、高校会计报告的内涵

《政府会计制度》中对会计信息提出了具体的要求，在高等学校的预算执行情况、财务情况和单位绩效情况等方面都要做好信息提供。作为其信息提供的载体，高校会计报告承担着重要的作用。通过建立科学、统一规范的政府会计准则体系和运用政府会计制度的编制方法，年度部门决算报表和政府会计报告在预算会计和财务会计核算的背景下，充分发挥了政府财务报告与部门决算报表的功能，全面、清晰地反映出高校预算执行信息和财务状况，为高校加强财务管理、完善绩效监督考核和防范财务风险等提供支持，进一步优化高校财务管理水平，更好地促进可持续发展。

（一）年度部门决算报表

年度部门决算报表一直是高校向上级反映财务状况的主要方式。高校编制的部门决算报表，是依托财政部统一定制的决算软件，按照高校会计制度的要求，进行财务数据的收集、加工和汇总，旨在全面反映高校全年的预算执行信息和财务信息，会审后统一报主管部门。其中，预算会计数据能够通过年度部门决算报表里面的相关报表体现，包括收入支出决算总表和财政拨款收入支出决算总表等。

（二）政府财务报告

高校编制的政府财务报告是在财务会计核算的背景下，以财务报表的形式向上级部门全面系统反映高校财务状况的书面报告。通过财务会计数据的核算，使高校的资产、负债和净资产等财务信息清晰地反映给财务报告的使用者，从而对高校的财务状况作出明确的判断，也为上级部门对高校的评估提供依据。高校编制的政府财务报告一般包括高校财务收入费用表、资产负债表和现金流量表，使高校内部财务工作报告体系进一步科学化合理化。

二、高校财务报告公开所面临的新形势

随着政府会计制度改革的深入推进，高校财务管理相关方面受到了很大的影响，高校财务会计变为双体系的核算模式，财务报告也相应发生变化。《政府会计准则——基本准则》第五条提出“政府会计主体应当编制决算报告和财务报告”，确立了政府会计“双报告”要求。“双报告”能够真实反映政府主体真实的“家底”、绩效评价、预算执行情况、财务状况、运行情况以及现金流量等信息。政府会计制度改革使高校财务报告目标发生变化，财务报告的目标应当体现单位主体的资产负债管理及运行情况；财务报告的编制基础也变为收付实现制和权责发生制双基础；财务报告的构成变为双体系下预算会计与财务会计并行的双报表体系，包括政府财务报告与决算报告；对

于附注披露的费用等信息的要求是按照经济分类进行细化。

另外，《中共中央　国务院关于全面实施预算绩效管理的意见》的出台也对高校财务报告的公开内容提出了新要求。高校财务报告应当充分体现财政资金的利用效率、绩效管理广度和深度、资源配置情况、投入产出情况等信息，全面体现高校绩效管理水平。

三、现阶段我国高校财务报告存在的问题

（一）财务报告的目标不明确

现阶段大多数高校的财务报告目标并不明确，财务报告内容缺乏目的性和针对性，导致财务报告使用者无法直观地获取有用信息。传统意义上的高校财务报告内容主要服务于财政部门等政府机构，无法为多元化的报告使用者提供信息和服务。随着高校管理改革的推进，使用者对高校财务报告公开的要求也越来越高。高校财务报告使用者也呈现多元化的趋势，从最初的高校主管部门、财政部门，扩展到高校内部管理层、教职工、学生、债权人、投资人、各级人民代表大会、社会公众等。不同的财务报告使用者对高校的财务报告需求也不尽相同。高校需进一步明确财务报告目标，编制科学合理的财务报告内容。

（二）财务报告缺乏会计信息内涵分析

当前高校财务部门编制的财务分析报告对具体部门和项目支出结构是否合理、战略实施效果、投入与产出、教育成本管理、收支过程控制等方面进行的分析不多。财务报告中的数据多是原始的、初步的，缺乏会计信息内涵分析，影响报告使用者的判断，也不利于与高效内控体系衔接，这种“重报告，轻分析”的现状亟须改变。高校公开的财务报告分析应根据不同报告使用者的需要，对财务数据进一步加工、整理、解析，编制内涵丰富满足个性化需求的分析报告。

（三）财务报告缺失对高校职能特征的反应

高校财务报告有别于企业财务报告，除了反映高校经济活动信息，更需要反映高校的职能特征。培养专门人才，发展科学知识，为社会服务，是目前较为认可的高校的三项职能。然而当前高校财务报告中并没有体现其职能特征，没有反映培养学生质量、科研项目带来的经济效益、社会服务及影响等指标。缺失的这些关键指标信息会对财务报告使用者获取相关信息带来不利影响，无法全面正确地评价一所高校综合实力及社会影响力。

（四）财务报告披露形式单一且时效性不足

现阶段大部分高校的财务报告表述形式较为单一，仅按照规定条目作一般表述。报告表述内容以数据支撑为主，忽视了文字和附注说明的重要性，内容专业性较强，对重大事项的分析披露不够深入。这对非财务专业的报告使用者来说，报告内容显得格外晦涩难懂，较难及时提取到有用信息，不够直观。此外，当前高校财务报告还存在披露不及时的问题，不能为使用者及时提供有效信息，直接影响使用者的决策。

四、《政府会计制度》对高校会计报告的影响

（一）重构了高校会计报告体系

在执行《高等学校会计制度》时，每个会计期末，高校只需要通过编制年度部门决算报表来反映预算收支的执行结果。而《政府会计制度》颁布实施后，高校一方面编制年度部门决算报表，另一方面需要编制政府财务报告，包括资产负债表等报表来反映学校的财务状况、运行情况（含运行成本）等信息，通过披露高校资产、负债、净资产的真实价值，对高校的整体情况做出评价和未来预测，为上级部门作出决策或者进行监督和管理提供依据。《政府会计制度》确立的“双报告”体系，真实地反映出高校的资产、负债和净资产情况和运行成本的信息，使高校财务数据的真实性和有效性大

为提高。

（二）改变了会计报告的编制基础

在执行《高等学校会计制度》时，会计核算以收付实现制为核算基础，采用收付实现制对具体会计业务进行预算会计的核算。随着《政府会计制度》的颁布实施，确定了政府会计的“双体系”和预算会计、财务会计组成的“双核算”，高校财务不仅要编制以权责发生制为基础的财务会计报告，同时编制以收付实现制为基础的预算会计报告，从此高校的会计报告形成了“双基础”的编制模式。

（三）提高了会计报告的真实性完整性

在执行《高等学校会计制度》时，对于固定资产和无形资产的记账方式，高校一直采用历史成本价记账，没有计提固定资产折旧和无形资产摊销。在《政府会计制度》颁布实施后，根据《政府会计准则第3号——固定资产》规定，进一步真实反映高校的资产价值，对固定资产和无形资产进行折旧和摊销核算，以此更准确地反映高校的资产情况，从而合理确定教育成本。同时，将基建会计的核算内容并入事业会计总账进行核算，更加全面客观地反映高校的资产及负债情况，这些变化大大提高了高校会计报告的真实性和完整性。

第四章
新形势下《政府会计制度》对高校的影响

第一节　会计核算难度增大

《政府会计制度》对会计的各项科目进行了细化，包括会计科目和各项核算科目等。然而在《政府会计制度》的实践过程中，缺乏深入的分类标准规范，使实践工作中核算收支科目的分类工作存在一定的难度，容易出现功能上的重叠与混杂。分类工作缺乏统一标准的情况下，会计人员的操作容易出现录入标准不一致的情况，使业务的录入工作效率难以得到有效保证，提高了高校会计核算工作的难度。

一、《政府会计制度》下会计核算工作难度分析

（一）高校会计核算工作量大

随着高校规模的不断扩大，学生与高校教师人数的不断增加，高校各方面的收入支出核算量不断加大，这对高校财务部门来说是一项新的挑战，同时对高校会计核算工作提出了新的要求。然而在此背景下，部分高校会计核算工作难以满足其实际发展需求，不能有效减轻高校会计核算工作量，也不能简化高校会计核算工作程序，难以提高高校会计核算工作效率，不利于高校会计核算的健康、有序进行。

（二）高校会计核算与预算相脱节

在《政府会计制度》实施背景下，部分高校会计核算与预算产生脱节，高校会计核算不能直观地反映会计预算。在高校会计核算过程中，预算是出发点，高校会计核算与预算是相辅相成、不可或缺的。但部分高校并不重视预算，或没有真正重视预算的作用，使预算不仅不能很好地发挥其应有的作

用，还不利于高校的长远稳定发展。

（三）高校会计核算范围不大

在《政府会计制度》的实施背景下，高校的会计核算范围有所扩大，但在实际运行过程中，部分高校会计核算范围还远远不够，仍无法适应高校自身的快速发展。这也在一定程度上阻碍了高校会计核算工作的高质量开展。

（四）高校资金情况记录不准确

在《政府会计制度》下，部分高校的资金流转情况往往不够准确，部分高校的收入在很多情况下存在虚高的情况。例如，部分高校在科研设备的使用过程中，高校的固定资产会不可避免地存在一定的损耗，但这一部分损耗由于规模庞大、数量过多，很难确切地进行预估，由此导致高校的资金收入存在虚高的情况，以至于高校难以真正明确自身固定资产和其他资产的情况，在支出时，必定会存在支出不够的情况，造成不必要的损失。

（五）财务部门分工不明确

当今，高校的会计核算工作需要高校财务部门的工作人员应相互配合、共同努力，才能完成每一项会计核算任务。但实际上，部分高校的财务部门不能合理、明确地进行分工，导致高校财务部门的个别工作人员互相推卸责任，不愿承担任务较重的工作，最终影响了高校会计核算工作的顺利开展。

二、高校会计核算风险分析

（一）政策风险

政策风险主要是指相关政策变动对高校会计核算的准确性和科学性可能产生的不利影响。随着政府会计改革的深入，高校财务人员一方面要消化吸收现有的政府会计准则制度，另一方面须时刻把握与之相关的具体准则解释、财务规则修订、行政事业单位内部控制指引等配套政策变化，否则可能导致会计核算出现差错。

（二）操作风险

操作风险主要是指当全新的经济事项发生时，如果现有准则中缺乏明确指导具体会计核算业务的规定，会使会计政策不统一、不一致的问题。例如，现行的政府会计制度要求高校在年末对单位资产进行清查并清理往来账款，及时清理合同确认收入和负债，在这个过程中就会遇到多部门配合协调难、资料报送不及时或信息不准确等系列问题，导致会计核算的准确性和及时性大打折扣。

（三）信息化风险

会计制度的实施要求高校必须提高财务信息质量，加强财务信息化建设，结合自身实际建立健全学校预决算、核算、资产管理、采购、合同管理、基本建设、教务、学工、科研和档案等一体化系统，实现数据与信息共享并相互制衡。高校的信息化风险主要包括单位财务信息化水平落后、财务软件不兼容或不稳定和财务人员信息技术技能不足等原因导致的会计核算效率低、质量差，以及电子会计数据泄露、被篡改、丢失等信息安全风险。

（四）人员风险

人员风险主要指高校缺乏足够的、有能力的、有意愿去完成既定会计核算工作的人员。当前国内高校财务部门普遍面临着人手短缺、人员年龄结构老化、人员素质能力不足以胜任繁重的会计核算工作等问题。部分高校会计人员职责不清，缺乏责任担当，这在一定程度上导致会计信息质量下滑。

（五）制度转换风险

制度转换风险主要是指高校在进行新旧制度衔接时，未按照有关规定做好资产清查、往来款项清理、基本建设会计账务清理等准备工作，加上会计科目设置不完整、不科学等，导致新旧制度转换不彻底，核算信息不合理、不准确，为后续的会计核算工作留下历史隐患。

（六）税务风险

随着社会经济的快速发展，以及国家减税降费政策的不断出台，加之政府会计制度的变化，高校许多经济事项同时涉及会计核算和税务处理。税务风险既包括因会计核算不准确、发票管理不当等导致的税务预警及处罚风险，又包括因未能及时把握税收政策变化导致未能享受本可以享受的优惠政策，甚至使学校遭受损失的风险。

（七）会计报表风险

政府会计制度要求无论是高校的政府财务报告还是部门决算等会计报表均应当以真实、准确的会计账簿数据为基础编制。会计报表风险是指会计报表未能真实有效地反映高校财务状况或预决算情况，导致报表信息的使用者据此做出错误决策的风险。

三、《政府会计制度》下决算报表编制问题分析

全国各级各类行政事业单位全面实施政府会计制度以来，高校作为相对特殊的事业单位，在编制决算报表过程中，不免出现由于执行政府会计制度、决算报表本身设计不完善，或是自身特殊的原因而导致编制决算报表的问题。

（一）决算报表设计与政府会计制度准则对应的相关问题

如果决算报表项目栏次名称与《政府会计制度》科目设置不一致，则会使填报单位困惑如何填写，以致决算报表不能清晰反映制度执行情况。

报表设置名称、口径问题将会导致收支总表结余分配表填列数据发生变化，如果再沿用原来的表样模式显然已经不能明晰地反映单位结余分配的过程。

按规定，预算单位对债务形成的现金流入与流出的预算会计账务处理是：收到债务资金时，记入债务预算收入；偿还利息时，记入“其他支出——支

付的利息”科目；偿还本金时记入债务还本支出。目前，决算报表支出表中已设置支付利息的填写项目栏次，债务预算收入及债务还本支出并未在决算报表设置相应栏次进行反映，存在填列数据准确性风险。

决算报表中名称欠妥、相关业务报表栏目设置空缺、执行制度数据填报到决算报表过程的衔接等状况，暴露出决算报表设计和报表内栏目设置的问题，决算报表还有待进一步完善与解决。

（二）账务处理不准确导致的编制问题

在实际填报过程中发现，高校在填报决算报表时，由于对执行制度、政策调整变更、决算要求等具体政策把握不准、理解不透，导致高校出现不一样的问题。《政府会计准则制度解释第1号》规定，单位年末暂收暂付非财政资金的会计处理，对于纳入本年度部门预算管理的现金收支业务，在采用财务会计核算的同时应当及时进行预算会计核算。学校对是否纳入当年预算要根据预算方案及财政预算执行批复，以及单位当年收入支出情况来综合判断，判断准确性将直接影响学校的收入支出。

（三）财政的相关口径不一致出现的问题

预算数在不同环节存在差异，导致决算过程中出现预算数填报不准确的风险。在预算批复阶段、预算执行及决算是有所不同的，预算批复阶段对财政专户返还单位的教育事业收入作为财政拨款收入批复，预算执行和决算阶段，财政专户返还作为预算单位事业收入，与预算批复数口径不一。

决算报表的收入支出表，除填写年初预算数，还需要填写预算调整数。财政并未提供出预算调整的数据资料，或是相关的核对依据来填列预算调整数，因此，预算单位为使报表保持平衡不致出现公式审核错误，会对预算调整数进行人为调整填列，导致决算报表预算调整数并未真实反映预算调整情况的问题。前后年度财政政策调整变更导致预算数据填写出现问题。

（四）决算报表中审核公式模板定义的问题

为检查报表填写是否正确，在决算系统中设置各类公式来审核验证表内数据会计平衡关系及不同表间相关数据逻辑等式关系。审核错误分为两类，一类是核实性错误，另一类是逻辑性错误。核实性错误需核实查验是否需要调整账务和报表；逻辑性错误指报表填写数据存在表内平衡及表间平衡问题，这类错误要求必须进行账务检查，检查数据是否已准确无误地填入报表，并在检查后进行更正。

目前决算报表存在应设置审核公式却未设置的情况。收入支出表、项目收入支出表、预算支出信息表存在的非财政拨款结转数逻辑关系未设置公式审核的问题。报表项目栏次填写数据为负数时，是否作为必须调整问题，需要对不同项目栏次区分审核公式。另外，表间大口径与小口径表间的审核，应该提示为必须修改的报错；应设置预算调整数的审核公式，经营收入预算调整数等于经营支出预算调整数，年末财政拨款结转和结余预算调整数等于应返还财政额度。

第二节　固定资产管理难度提高

现行会计制度下通过按照平均年限计算资产的方法来进行固定资产的摊销和折旧工作，因此需要高校对自身的固定资产进行有效管理，重新分类和认定相关资产。在资产管理工作中由于新旧会计制度之间的过渡不够流畅，在操作上存在着一定的难度。高校的固定资产应该重新得到明确与认定，但实际操作中新旧会计制度在分类工作上存在不同，可能会导致固定资产的流失。现行会计制度对于固定资产相关的折旧和摊销等工作规定不够完善，缺乏有效的工作规范标准，使固定资产的管理工作存在较大差异，高校之间难以进行有效的参考工作。

一、高校固定资产清查难度分析

（一）固定资产清查意识淡薄，清查工作不彻底

学校的各级部门领导及教职员工对高校的国有资产清查工作的重要性认识不足，没有形成学校统一的固定资产清查体系，只是每个使用部门进行自查，然后上报，部门资产管理员要么不进行固定资产清查，要么清查不彻底、敷衍了事，这样不利于清查工作协调和统一，会导致学校总体很难有效监控，以至于出现账物不符、资产虚假等情况。

（二）固定资产日常管理不规范

高校固定资产管理缺少严格的管理策略，资产使用部门和资产管理部门之间不及时核对台账，对报废、报损的资产处理也不及时，获赠的固定资产由于没有原始凭据而无法办理入账手续，导致账实不符。另外，房屋、建筑物验收、决算、审计手续滞后，致使学校大批资产有实无账，国家对高校的投资向来都是无偿的，不提折旧，不计盈亏，也不实行投资效益的考核，这样就造成高校在固定资产管理方面意识比较淡薄，重购置、轻管理，重资金、轻实物，基本不关注固定资产使用的效益性。

（三）资产管理队伍建设水平不高

高校固定资产管理队伍、管理水平、手段不能适应高校资产管理的要求。高校资产管理人员专业学历层次相对较低，由于没有专职的资产管理员，兼职资产管理人员流动性大，责任心不强，部门领导资产管理观念也不强，致使高校资产管理只流于形式。另外，由于资产管理员身兼数职，导致学校的大型设备等固定资产保养、维护不及时等问题经常出现。

（四）设备利用率低，重复购置严重

通过资产清查可以看出，高校的固定资产利用率低，重复购置现象严

重。一方面，高校的固定资产是无偿的，不提折旧，不计盈亏，也不实行投资效益的考核，使高校不注重资产的使用效益。另一方面，各使用部门从自身利益出发，缺乏整体观念，购置满足自身部门的设备，没有从全局出发，造成设备重复购置现象。

（五）资产流失严重

由于资产长期不清查、学校合并搬迁、资产清查工作后期处理不当等，使得学校的固定资产流失严重。部分高校资产管理混乱，账目不清，出现资产流失；因对经营性资产缺乏规范管理观念，高校在将非经营资产转化为经营性资产时，缺乏风险意识，没有按照国家有关资产管理规章制度的程序办理资产变更、评估等手续，对已经转为经营性资产的也没有进行产权界定造成产权归属不清，极易造成国有资产流失；报废处理不及时也易造成资产流失。

二、高校固定资产折旧会计核算难度分析

（一）原有会计模式对固定资产原值的影响

在《政府会计制度》实施前，一般高校以收付实现制作为会计核算基础，购买固定资产时，通过双分录的形式，借记“事业支出”和“固定资产”科目，贷记“银行存款”和“非流动资产资金”科目。在固定资产达到可使用状态以后，至其核销之前，账面价值保持不变，待到核销之后，则一次性销账，日常管理中不对固定资产计提折旧。该种陈旧的模式，不能准确真实地体现高校固定资产的真实价值，因为固定资产购进并投入使用后，随着时间的流逝，会发生各种看得见或看不见的损耗，看似没有什么改变的固定资产，其实际净值同账面上的原值间的差距愈拉愈大。可高校资产负债表一直依照账面价值入账，会产生账面与实际不符的情况，间接影响会计的信息质量，并且原处理方式的弊端还体现在无法准确反映高校固定资产的新旧

程度，使得在进行固定资产更新、替换采购时不便准确估计实际需求，从而造成资产消耗过度，或所属资产无法满足实际需求的极端情况出现。更有甚者，在进行财务决算时，报表显示账面结余较多，但实际则发生了亏损。虽然在会计制度改变后，高校对固定资产计提折旧，但之前的核算方式，已经对高校的固定资产会计核算工作产生了一定影响，影响此项会计核算工作的开展。

（二）固定资产折旧方法选用单一问题

根据《政府会计制度》要求，有年限平均法和工作量法两种固定资产折旧方法供高校选择，但是其并未明确规定两种方法适用范围。折旧方法的选用主要依赖于会计人员的职业判断力，固定资产折旧信息质量直接受限于其职业判断力。通过调研得知，一些高校针对所有固定资产折旧计提均采取年限平均法，从操作层面上讲，平均年限法方法简单，便于批量处理固定资产，对于会计人员的职业判断要求不高，但是平均年限法以各会计期间固定资产消耗均匀发生为假设前提，可在现实生产活动中，固定资产实际使用效能是边际递减的，如果将设备保养和维修费用等后期因素纳入考虑范围，那么在其全生命周期中，固定资产的损耗势必是不均衡的。因此，在会计核算上对固定资产的折旧计提方法也应该是多元化的。当前大多数高校固定资产折旧计提方法选取单一，这不仅有悖于会计核算的收支配比原则，而且无法揭示出固定资产的真实损耗，不符合高校固定资产自身特色。

（三）固定资产折旧年限选择不够精细化

高校对固定资产折旧年限的确认需符合《〈政府会计准则第 3 号——固定资产〉应用指南》与《政府会计准则第 3 号——固定资产》的要求。3~30 年是专用设备的折旧年限范围，而通用设备的最低折旧年限则是 5 年；已按设备预计使用年限提取完折旧的设备则不再计提折旧。目前大多数高校对固定资产年折旧计提年限的选择采取了“一刀切”的方法，所有资产都按大类的统一年限计提折旧。如专用设备均按5年计提折旧，显然这种方式固然能够较为快捷地处理专用设备的统一折旧，可是这种不区分资产特性折旧计提是不适合专用设备类的。如物理学院购置的专业级天文望远镜，长期处于静止保护状态，根据使用说明其在使用得当的情况下最低可使用45年，其理论可使用年限已远高于会计制度规定的折旧年限范围，天文望远镜也不属于技术更新换代快的专业设备，5年的折旧年限不符合其实际情况，因而折旧年限的选择必须精细化。

（四）固定资产折旧费用分摊不明晰

高校的固定资产既可用于教学活动也可用于经营创收活动，服务于其整体的运转运营，那么对于固定资产的折旧势必需要进行区分，包括经营性固定资产折旧与非经营性固定资产折旧。《政府会计制度》提出：具有多种用途且存在混合使用的固定资产所计提的折旧额，应运用合理的方法进行分摊，并将其计入相关费用科目。据了解，当前高校财务人员在折旧费用分摊方面的实务操作中缺乏统一的标准和规范，因而容易导致每个人有自己的标准，这样难免会造成冲突。高校不仅承担教学、科研等工作，还承办校外单位委托的任务及活动，这类活动都属于经营活动，由于当前现实因素制约，此类活动固定资产折旧额并不会作为经营活动成本影响到当期损益。根据税法规定经营活动计提折旧在税前是可以允许抵扣的，而用于科研创新等类别的甚至可以加计扣除，因而高校对相关活动进行区分，使费用分摊明晰是很有必要的。

三、固定资产折旧计提后续管理难度分析

（一）内外部监管机制有待进一步完善

高校针对行政内部监管设置了监察处，针对财务内部监管设置了审计处，同时外部监管方面，有定期的上级部门巡视，财务审查也会邀请外部会

计师事务所参与审查，更是配套有相关监察制度文件，但是由于历史遗留问题与现实状况影响，某些环节容易被忽视或者监管不到位，某些监督方式方法可能已经落后于实际发展需要。高校固定资产数量大、种类多、分布广，并且固定资产使用大部分在各二级机构，其所有权与使用权是相分离的，因而对于本校固定资产的转入或者转出依托于资产使用人与二级资产管理人员工作配合度。由于一些高校上级资产管理机构目前无法对固定资产做到及时登记在册，而部分便携式固定资产的出借、出租更是难以监督。同时出借、出租的固定资产也势必会影响其后期的使用和维护，因而这就需要高校的内外部监管机制进一步完善。

（二）缺乏一体化的管理系统造成信息孤岛

高校固定资产管理复杂性特征造成其管理活动需要各相关部门的密切配合。一些高校由于二级机构多且杂、人员数量不平衡等诸多现实原因制约，造成各职能部门的信息化发展水平参差不齐。通过走访得知，各部门间的部门软件来源五花八门。人事处得到了自身技术人才支持，因而部门软件自行开发；资产与实验室管理处、图书馆、财务处等部门软件均通过招投标引进，从而造成各部门软件来自不同公司，每家公司均有自身的技术特点，因而形成了一个个闭环，各部门之间数据就不能实现系统内的直接对接，缺乏一个一体化管理系统，从而形成了一个个信息孤岛。

就某些高校而言，假如某老师购买了某项固定资产，其需要先到资产处进行资产登记，然后凭借资产处开出的资产登记清单，采购发票等材料再到财务处进行财务核算登记，在“虚提折旧”的时候，两套系统并行不受影响，但是目前“实提阶段”，当月购进的固定资产当月就需计提折旧，而一旦此老师跨月进行财务登记，则势必造成账实不符、资产计提失真。同样的情况还可能出现在基建、后勤、各学院等系统登记中，各信息系统之间没有实现数据互联互通，甚至数据传递还处于人工传递模式，因而对信息资源的利用效率较低，急需对各信息系统进行一体化管理。

（三）人员专业素养不匹配引发资产信息失真

大多数高校固定资产管理主体是多元的，既有校级资产组织的垂直领导，也有二级单位间的平行协调，其对资产实行账务分管原则。资产与实验室管理处负责资产的系统管理，各部门兼职资产管理员负责本部门的资产管理，财务部门则负责固定资产的账务核算，此种模式也造成了固定资产的登记、使用、核算工作被分拆成三个部分，实物管理与价值管理被动分离。就调查得知，资产管理人员作为管理岗位，大多非财会专业人员，因此对固定资产折旧的经济意义未能深入了解，而财务人员作为专业技术人员被引进，入校即从事财务相关工作，没有机会参与到资产管理的全过程，每月仅依靠资产与实验室管理处的资产登记数据进行账务核对，财务人员对固定资产折旧实际状况不清楚，对资产管理系统更是陌生，因而对固定资产计提金额准确性难以做到精准判断，导致高校账面记录的折旧额是一个笼统的总额数据，使得高校财务报表无法真实反映固定资产的真实状况。

第三节　财务预算管理工作复杂

“政府会计制度”的全面实行要求高校财务管理人员具有更高的综合素质，高校财务管理各项工作更为复杂，财务管理人员应充分做好成本控制工作，尽可能节省高校财务资金，对高校财务的核算管理和风险制度进行充分的改良完善，使高校财务管理工作得到全面规范，提升会计核算工作的效率。高校财务管理人员应充分加强自身的专业能力和综合素质，对会计制度做到全面的了解和掌握，使财务管理工作得到全面开展。

一、高校预算管理的三维框架

高校预算管理既是管理会计的重要应用领域，也是建立与实施内部控制的重要方面，更是内部审计关注的重点活动，实施起来涉及面广、政策性强，因此有必要将预算问题集中于一个框架内讨论，以利于各方统一认识。综合国家管理会计、内部控制、内部审计及其他各类政策要求，高校预算管理框架应包括目标、要素、执行三个维度，战略目标、合法目标、运行目标、报告目标、防腐目标、绩效目标，构成高校预算管理的“六目标”；应用环境、管理活动、工具与方法、信息与报告、内部监督是高校预算管理的“五要素”；预算管理环节、层级、领域则是其三个执行层面。高校预算管理框架以三维展示，既可以从整体把握，也可以从目标类别、构成要素、执行层面的任一维度，或其中任何一个特定的分项角度去关注预算管理，助力预算管理实践活动。

（一）高校预算管理的政策依据

高校办学资金主要来源于财政拨款，因此高校的预算管理工作必须贯彻落实国家有关文件精神，接受政府的制约和监督。综合近十年高校预算管理相关文件，大致可分为管理会计、内部控制、内部审计、预算绩效、法律法规五类（详见表 4–1）。《管理会计应用指引第 803 号——行政事业单位》（下称《应用指引》）、《行政事业单位内部控制规范（试行）》（下称《内控规范》）、《内部审计实务指南第 4 号——高校内部审计》（下称《内审指南》）这三个文件，能够系统解决预算管理目标、要素、执行等问题，对开展预算管理工作起到提纲挈领的作用，应予以特别关注。

《应用指引》要求，在预算管理方面综合应用管理会计工具方法，推动行政任务完成和事业发展规划实现。《内控规范》把预算业务控制作为单位业务层面内部控制之一，要求对经济活动的风险进行防范和控制。《内审指南》则规范了预算审计的内容、程序和方法，以指导预算审计实践。通读这三个文件不难发现，国家要求预算管理不仅成为管理会计的重要应用领域，要助于提升高校管理绩效，提高公共管理服务水平，还要作为必要的控制办法，要起到规范经济活动、加强廉政风险防控作用，为此还要求高校强化内部审计监督，确保预算管理发挥应有作用。因此高校预算管理应同时遵循管理会计推行与内部控制建设的要求开展，兼顾一些可能成为审计重点的经济活动。

表 4–1　高校预算管理文件一览表

分类	文件名称
管理会计类	《管理会计应用指引第 803 号——行政事业单位》（财会〔2018〕38 号）
	《管理会计应用指引第 200 号——预算管理》（财会〔2017〕24 号）
	《管理会计应用指引第 201 号——滚动预算》（财会〔2017〕24 号）
	《管理会计应用指引第 202 号——零基预算》（财会〔2018〕22 号）
	《管理会计应用指引第 203 号——弹性预算》（财会〔2018〕22 号）
	《关于印发〈管理会计基本指引〉的通知》（财会〔2016〕10 号）
内部控制类	《行政事业单位内部控制规范（试行）》（财会〔2012〕21 号）
	《企业内部控制基本规范》（财会〔2008〕7 号）
内部审计类	《内部审计实务指南第 4 号——高校内部审计》（2009 年 9 月 1 日）
	《教育系统内部审计工作规定》（教育部令第 47 号）
	《审计署关于内部审计工作的规定》（审计署令第 11 号）
预算绩效类	《中共中央　国务院关于全面实施预算绩效管理的意见》（2018 年 9 月 1 日）
	《教育部关于全面实施预算绩效管理的意见》（教财〔2019〕6 号）
法律法规类	《中华人民共和国预算法》（2018 年 12 月第二次修订）
	《中华人民共和国预算法实施条例》（2020 年 8 月修订）

此外，随着预算绩效类文件陆续发布，《中华人民共和国预算法实施条例》（2020 年 8 月修订，下称《实施条例》）开始施行，预算绩效管理进一步深化，预算公开透明制度更为完善，高校预算管理面临着新的课题。总之，高校预算管理要围绕管理会计、内部控制、审计监督、透明公开、绩效管理等关键词谋划布局，才能积极推进管理会计工具在预算管理领域落地生根，才能有效实施预算管理控制，才能优化教育资源配置、提高教育经费使用绩

效，也才能应对内部审计监督。

（二）高校“三维”预算管理框架

1. 目标维度

高校“三维”预算管理框架中的目标维度是预算管理应达到的目的和要求。根据管理会计、内部控制、内部审计以及其他法律法规的期望，高校预算管理的目标维度可以被概括为以下六个方面：

（1）战略目标

预算管理作为管理会计的工具，应参与高校的规划、决策、控制和评价活动，为实现战略规划提供有用的信息。预算管理需要通过预测未来经济活动、协调资源分配、监督执行过程和评估结果，推动高校实现其战略目标。

（2）合法目标

预算管理必须遵守法律法规，确保各项经济活动在预算执行过程中合法合规。预算管理要求高校在预算编制、执行和决算等环节中遵守相关法律法规的规定，以保证预算的合法性和合规性。

（3）运行目标

预算管理需要保障高校的资产安全和有效使用，防范和抵御资产风险，并在保值增值的基础上实现资产的有效利用。预算管理在高校的经济活动中起到监督和控制的作用，确保资产的安全和有效运行。

（4）报告目标

预算管理要求高校的决算报告数字准确，财务信息真实完整。预算管理需要提供准确的决算报告和完整的会计资料，确保财务信息的真实性和完整性。

（5）防腐目标

预算管理通过对高校经济活动的监督和控制，防范舞弊和预防腐败。预算管理对高校的经济活动进行监督，确保资金使用的透明度和合规性，防止腐败行为的发生。

（6）绩效目标

预算管理要提高高校公共服务的效率和效果，实现资源的合理配置和最优组合。预算管理需要推动高校实现预算编制的科学性、准确性和透明度，促进资源的有效利用和提高服务效果。

高校预算管理的目标维度是一个综合性的框架，涵盖了战略目标、合法目标、运行目标、报告目标、防腐目标和绩效目标。通过统一和协调这些目标，可以促进高校预算管理的全面发展和有效实施。

2. 要素维度

在高校的“三维”预算管理框架中，要素维度是预算管理的必要组成部分，回答了预算管理的本质是什么。根据《基本指引》和《内控规范》的要求，可以将高校预算管理的要素维度划分为以下六个要素：

（1）应用环境

指高校应用预算管理的文化环境和组织架构，包括建立符合高校自身特点的预算管理体制机制，整合人力、财力、物力资源，为预算管理的顺利实施提供支持。

（2）管理活动

指预算管理在高校的规划、决策、控制和评价等管理活动中的应用，通过预测未来经济活动、协调资源分配、监督执行过程和评估结果，推动高校实现其战略目标。

（3）工具与方法

指预算管理的各种工具和方法，如经营预算、专门决策预算、财务预算、收入预算、支出预算等专项预算，以及滚动预算、零基预算、弹性预算、作业预算等编制方法。

（4）信息与报告

指预算管理所需的信息支持和报告生成，高校需要充分利用各种渠道和自身优势，及时收集财务和非财务信息，以支持预算管理的分析、决策和管理工作。

（5）内部控制

指高校建立和实施有效的内部控制体系，包括梳理业务流程、明确业务环节、分析经济活动风险、确定风险点、选择风险应对策略等。内部控制要素涵盖了内部环境、风险评估、控制活动、信息与沟通、内部监督等方面。

（6）内部审计

作为内部监督的一部分，内部审计也是高校预算管理的要素。内部审计应围绕内部控制体系要素进行，对预算管理的执行情况进行审计，以提供独立的监督和评估。

高校预算管理的要素维度包括应用环境、管理活动、工具与方法、信息与报告、内部控制和内部审计。这些要素共同构成了高校预算管理的基础框架，确保预算管理工作的有效实施和达成预期目标。

3. 执行维度

在高校的“三维”预算管理框架中，执行维度回答了预算管理过程如何实施的问题。根据相关文件和要求，高校预算管理的执行维度包括以下三个方面：

（1）预算管理环节

预算管理涉及的环节包括预算编制、预算控制、预算调整、预算考核和决算分析等。高校应按照预算管理的程序要求，有序地开展各个环节的工作，确保预算管理全面有效地实施。

（2）预算管理层级

高校预算管理的层级包括预算管理决策机构、预算管理日常工作机构、预算执行单位和预算监督评价部门。每个层级都有明确的职责权限，并应建立良好的协调机制，确保各级机构间的密切合作和信息流动。

（3）预算管理领域

高校预算管理涵盖的领域包括战略管理、绩效管理和具体项目等。预算管理应与高校的战略管理相结合，将战略目标落实到预算目标中；与绩效管理相结合，通过预算和绩效的双重监控，推动高校实现预算和绩效目标；同时，涵盖重大专项活动和具体项目，确保预算管理的全面覆盖。

预算管理执行的过程应是一个动态的、持续的过程，需要高校各部门、学院和教职员工的全面参与和合作。预算管理要贯穿于高校各项经济管理活动的各个环节和层级，形成有机的整体。高校应建立良好的组织领导机制，明确各预算单位的职责和权限，并加强预算管理的组织协调。

二、《政府会计制度》对高校预算管理产生的影响

（一）完善高校预算管理体系

《政府会计制度》重构了政府会计核算模式，变更了政府会计体系，由于预算管理贯穿高校财务管理始终，预算管理体系必然发生变化与调整。预算会计、财务会计是两大会计核算体系，两者应当相互衔接，在同一财务系统内实现平行记账。只有对资金有所保障才能入账预算收支，促使高校将所有收支项目全都纳入预算，严格预算管理。基于此才能有效遏制预算执行与资金规划“两张皮”、随意挪用预算资金等现象，有利于完善高校预算管理体系。与此同时，新制度中的“双目标”“双分录”也对预算编制进行适当补充，逐渐夯实预算管理的基础。

（二）构建高校预算项目库

我国大多数高校曾采用的预算管理模式为“先分资金、再找项目”，这与《政府会计制度》的施行出现一定矛盾与偏差。对各级高校而言，要想确保《政府会计制度》的贯彻落实，必须积极构建预算项目库，搭建信息化管理系统，对接政府会计体系，逐渐形成相互制约、相互作用的新模式。高校

应以信息技术为依托，以业务流程为线索，以制度为指导，建立预算项目库，并将其融入全面预算的每一阶段。搭建由预算项目申报到预算绩效考核的全过程预算体系，做好一系列事前准备工作，确保预算编制的科学性，加强预算执行监督与控制，重点督导、统计分析，使预算管理效果不断提升。

（三）对预算编制提出新要求

《政府会计制度》的双报告模式，要求从财务会计、预算会计这两大层面出发展开核算工作。前者另外形成财务报表，后者形成预算会计报表。两者的会计要素、核算基础以及适用范围各不相同，必须指明预算结余与本年盈余的差异。由此可见，《政府会计制度》对预算编制提出了新的要求。

（四）增强预算执行效力

高校本身具有一定特殊性，其会计核算也具有自身特性。比如高校固定资产数量庞大、分类多，要想确保会计核算的准确性，必须以会计制度为主要参考依据，结合高校自身实际，制定相适应的执行细则，落实《政府会计制度》下的双体系目标，正确解读《政府会计制度》以及相关法律法规，从多维度出发革新预算管理模式，提高预算管理水平，增强预算执行效力。

（五）提升预算绩效考核力度

《政府会计制度》对经济事项成本核算有着新的规定，将费用科目划分成业务活动费用与单位管理费用，同时明确要求经济分类成本项目明细核算，涉及工资福利、补助等方面，最终归集至业务活动费用。在计量方面，协调权责发生制与收付实现制，对经济活动中的资金使用情况展开全程跟踪监控，预算绩效考核更加注重整个过程，有着翔实且完整的数据基础，继而提升预算绩效考核力度与质量。

第四节　对财务人员专业素质提出更高要求

在实际预算工作过程中面对复杂的财务信息，财务预算工作往往难以合理整理全部信息，做到全方位的内部预算统筹。由于预算工作的复杂性，实际工作中会出现经费预算难以满足业务工作安排的情况，一定程度上影响了高校各部门工作的开展，这就对高校财务人员的专业素质提出了更高的要求。

一、高校财务人员素质的构成及特点

只有明确了高校财务人员必须具备的素质，才能谈及如何提升高校财务人员素质的问题；只有明确了高校财务人员素质构成的特点，才能持续探讨提升素质的具体途径。

（一）高校财务人员素质构成

关于素质，《辞海》的定义有三种：一是人的生理上的特点；二是事物本来的性质；三是完成某种活动所必需的基本条件。对从事高校的财务工作者来说，素质应适用第三个定义，就是劳动者在职业活动中所具备的职业能力和所体现的职业技能、职业道德、职业精神等，即所谓职业素质。会计工作是一项内容丰富、涉及面广、非常具体、烦琐却又极为重要的经济管理工作，其重要性、全面性和复杂性要求会计从业人员必须具备特定的从业素质。

1. 职业道德素质

高校财务人员应具备良好的职业道德，包括诚实守信、廉洁自律、保守秘密等。他们应遵守法律法规和职业道德规范，坚持原则，客观公正地处理业务，维护财务领域的职业声誉。

2. 专业知识与技能素质

高校财务人员需要具备扎实的会计理论知识和实践经验，了解相关法律法规、政策及财务管理规范。他们应持续学习和更新知识，适应新时代财务管理的要求，提高自身的专业水平。

3. 服务意识和沟通能力素质

高校财务人员应具备良好的服务意识和良好的沟通能力。他们需要与各部门、教职员工进行有效的沟通和合作，理解并满足他们的需求，为学校提供优质的财务服务。

4. 创新思维和问题解决能力素质

高校财务人员应具备创新思维和解决问题的能力。他们需要主动适应新的财务管理环境和工作变化，灵活应对复杂的财务问题，并提出创新性的解决方案。

5. 团队合作和领导能力素质

高校财务人员需要具备团队合作和领导能力。他们要能够与团队成员协作，共同完成财务工作任务。对于一些管理职位的人员，还需要具备领导能力，能够组织、指导和激励团队成员，推动财务管理工作的顺利进行。

6. 风险意识和风险管理能力素质

高校财务人员应具备风险意识和风险管理能力。他们需要关注财务风险和经营风险，能够识别、评估和控制风险，保障高校财务安全和稳定运行。

高校财务人员的素质要求旨在提高其综合能力，使其能够胜任复杂的财务管理工作，为高校的经济发展和财务稳健运行作出积极贡献。通过不断提升素质，高校财务人员可以更好地满足高校内外部的需求，并推动高校财务管理水平不断提升。

（二）财务人员素质的特点

高校财务人员素质的主要特点包括：

1. 综合性

高校财务人员需要具备综合素质，包括知识素质、职业素质和道德素质。他们需要掌握丰富的财务知识和技能，具备良好的沟通能力、团队合作能力和决策能力，还要具备高度的职业操守和道德品质。

2. 更新性

高校财务人员需要与时俱进，不断更新自身的知识和技能。随着时代的变迁和财务管理环境的变化，他们需要不断学习和适应新的法规、政策和技术，以保持竞争力和适应性。

3. 技能性

高校财务人员需要具备一定的专业技能，如财务分析、预算编制、会计核算、财务报告等。他们需要熟练运用各种财务工具和软件，能够处理和分析复杂的财务数据，并能够准确地提供决策支持和管理建议。

4. 管理性

高校财务人员需要具备一定的管理能力，包括财务管理、项目管理、风险管理等。他们需要能够有效地组织和管理财务工作，合理规划和控制财务资源，识别和应对潜在的风险。

5. 专业性

高校财务人员需要具备高度的专业精神和专业责任感。他们需要遵守职业道德规范，保护财务信息的安全性和保密性，坚持公正、透明和诚信的原则，为高校的财务管理提供可靠支持。

总之，高校财务人员的素质具有综合性、更新性、技能性、管理性和专业性的特点。他们需要不断提升自身素质，适应不断变化的财务管理环境，为高校的经济发展和财务稳健运行作出积极贡献。

二、高校财务人员提升素质的迫切性

只有意识到了提升高校财务人员素质的迫切性，财务人员才能发挥自身的主观能动性去抓住一切提升自身素质的机会，自觉地提升自身素质。

（一）制度的完善要求高校财务人员提升素质

关于《政府会计制度》实施对高校财务工作的影响，有研究者进行了这样的总结：“高校设计高效的财务核算体系，服务于政府财务报告、部门决算等报表编制工作，是完善学校治理体系、促进治理能力现代化的重要体现。”如果再对引文的内容进行细化，我们就更能明确《政府会计制度》对提升高校财务人员素质的要求。仅从单位会计科目和报表的角度来讲，高校的财务人员就需要思考如何细化高校会计科目设置、如何完善经济科目的设置、如何使经济来源的科目设置更加符合《政府会计制度》的要求等。在这一过程中，科目的设置与优化需要一定知识素质作为支撑。若是对《政府会计制度》的理解不准确，没有以清产核资的真实数据作为支撑，科目的设置就只是形式上的改变，并不能起到实质性的作用。因而，从这一层面上讲，知识素质的更新还需要以道德素质的培养为基础。

（二）财务工作环境的复杂化迫切要求高校财务人员提升素质

大数据与互联网 + 财务管理的整合及其与《政府会计制度》的整合，使高校财务人员所面临的工作环境日趋复杂化。这种复杂化体现在多个层面：

首先，财务媒介的复杂化。目前，各种财务软件及其所衍生的子系统使原本相对单一的媒介呈现出复杂化的趋势。面对这些能够应对大数据，适应“互联网 + 财务”背景的财务管理媒介，每一个财务人员都必须更新自己的财务知识与管理技能。

其次，如果上述财物环境的复杂化是从宏观角度所谈，那么《政府会计制度》所带来的具体工作的复杂化则是从微观角度谈及素质提升的重要性。《政府会计制度》把会计分为两类，即财务会计和预算会计。如何实现两类会计相互连接且又彼此分离的核算要求，就需要财务人员能够更新自己的财务知识，选择恰当的方法来解决这一看似矛盾且又难以解决的问题。《政府会计制度》影响下，财务问题不止“平行记账”这一问题，还包括其他各种差异项的处理方法，比如，收入产生差异项、支出产生差异项的处理等。新的要求必然会产生新的问题，新的问题必然要用新的知识去解决。所以，财务环境的复杂化迫切需要财务人员提升自身的综合素质。因为，没有自身业务素质、知识素质的提升，任何一名高校财务人员都将无法处理上述问题。更何况上述财务问题只是《政府会计制度》颁布所引发诸多问题中的冰山一角——会计报表视角下的总结。

（三）财务制度改革迫切要求高校财务人员提升素质

作为一项新的管理制度，随着《政府会计制度》的颁布引发财务制度的改革。为了适应这一财务改革，高校财务人员也迫切需要提升自身的综合素质。在一篇研究因《政府会计制度》颁布引发的财务制度改革的文章里，研究者从“加大了财务管理难度、财务报告信息质量、完善财务管理体系”等方面述及了财务改革视角下的财务人员素质提升需求。

首先，制度的细化要求财务人员提升自身的素质。《政府会计制度》细化了传统的财务制度，这是不争的事实，双重核算方式的选择就是最明显的例证。为了实施双重核算方式，该制度把会计简单细化为预算会计和财务会计。两种会计类型的划分，并不是为了割裂彼此之间在工作上的联系，反而使预算会计与财务会计的工作联系更加紧密。基于这样的划分，“收付实现制”与“权责发生制”整合为一的双重核算制度才得以顺利实施。在双重核算的过程中，预算会计关注资金的结余情况、预算的收支情况以及预算的结余情况；而财务会计则关注资产的情况、负债情况以及净资产的情况。从而才能在两类会计的联系中快速地形成决算报表，使决策者清晰地了解单位的财务状况。如何才能使财务人员快速地适应双重核算制度，答案也很简单，那就是依据财务制度的改革需求，快速地提升自己的业务素质。

其次，财务改革视角下的财务管理操作迫切需要财务人员提升业务素质。财务改革中的财务管理操作表现出比以往更难的特点，把传统的会计数据按照新的管理要求入账的背后，不只是数据操作方法的改变，更是管理制度的更新。面对核算方式的变化、记账方式的改革、新制度的颁布、财务软件的更新，若要完成报表的制作，财务人员不提升自身素质是完全不可能的事情。

第五章
新形势下高校财务管理的问题分析

第一节　管理理念落后

一、学校领导视角

在高校财务管理的过程中，票据资金的使用和管理是有效、合理进行资金监管的重要途径。但是在票据使用过程中存在着多种问题和漏洞，容易出现监管真空地带，给学校资金管理工作带来安全隐患，有可能造成资金使用不合理，甚至造成国有资产流失。

（一）财务系统缺乏对电子发票的信息化管理

近年来，国务院财政部对高等教育的经费的投入量显著增加，对各类部门的相关要求日益精细化，随着多渠道资金的流入，高校内各类业务工作不断扩充与规范化，集各类票据的报销已经成为学校财务工作一大任务。从2014年起，国家税务总局开始推行增值税电子普通发票，有效地提升了财政票据的监管和效率。为了进一步响应国家的号召，高校也积极在学院内推广使用网络电子发票进行报销。

虽然电子发票的发行大幅度缓解了企业在发票上面的成本，在保管、查询以及查阅使用时更加便利，但是在报销审核方面，会进一步加大财务人员审核难度。目前报销流程是教职工自行打印电子发票拿来报销，财务人员无法对打印的电子发票是否存在重复报销的情况快速做出准确的甄别。因为目前每张发票的报销记录目前是由财务人员个人进行账本式的登记，查验效率低且出错率高。

（二）公务卡结算方式信息不透明

公务卡，即中央财政预算公务卡，将政府采购管理平台的有关规范与银行卡的有关结算方式相结合，形成一种新型的政府采购平台管理工具和手段。财政部规定，中央预算单位工作人员所持有的公务卡主要用于日常公务支出和财务报销业务等开支。所以，学校教师外出公务消费时，可以不用再预借现金，而可以直接持公务卡先行刷卡支付，再取得发票及银行 POS 单据刷卡凭证，并在一周之内拿审核的材料向学校财务处申请报销银行出纳凭报销者的姓名，消费日期，实际报销的金额，审核无误后，将报销款项直接划入该工作人员公务卡账户中。尤其在差旅费消费方面，教职工被要求必须在政府采购平台对机票进行购买，回来一周之内提供行程单和登机牌进行报销。

虽然公务卡提供了便利的条件，但是在流程中仍然存有漏洞。比如，由于一些公司和商家通过优惠等手段进行减免，使实际支出金额与所开具的发票金额不符。当发票金额小于实际花费金额的时候，如果报销人员以发票金额来填报，此时财务人员由于无法核实公务卡的实际支出金额，会通过审核。但到出纳进行还款报销时，会因报销金额与实际支出金额不符而拒绝还款，导致整个报销流程重新填报，严重影响财务报销效率。

（三）自行采购物资缺乏风险控制

高校有两种传统采购模式：

在政府采购方面，严格按照《中华人民共和国采购法》以及各项有关法律法规，保证采购程序，接受财政监管。但是在此模式下，通过政府采购需要招标的过程耗时较长，参加竞标的企业信息真实性有待考察。

在自行采购方面，可以由单位职能部门自行采购，不需要走政府采购的流程。长此以往，由单位自行采购透明度低，采购中间业务流程耗时较长，提供货品的商家以及企业缺乏信息渠道，真实性难以保证。

二、报销人员视角

（一）报销过程复杂，透明度低

报销人员的财务报销过程体验差大多数集中在以下几个问题：一是报销流程长，花费较多时间；二是报销过程中填写单据复杂，总被退回；三是报销明细和进度不透明；四是报销过程中找领导签字难。

（二）财务人员服务意识薄弱，业务综合能力仍需加强

随着高校体制建设的不断改革与深化，招生办学规模的不断扩大，研究生学位点设立的增多，学校专业的不断增加与优化，对财务报销的要求也逐渐提高。部分财务人员的财务服务意识匮乏，一味以传统的思维工作，并未意识到报销者的真正诉求。部分财务人员在工作中缺乏耐心，或者只谈业务不和报销者沟通，使得报销者体验感差，甚至造成矛盾。

另外，随着高校业务的多元化发展，以及《政府会计制度》的实施，对高校财务人员的要求也随之提到新的高度，不仅要求财务人员具有基础的会计知识，同时在沟通语言、计算机信息技术等业务综合能力方面也有较高的要求。

三、财务人员视角

（一）报销业务量大，处理票据种类多

近些年随着高校规模的逐渐扩大，学科设立的不断增加，每年都有新教师以及新生入学，业务量逐年增大，报销的数量呈递增状态。

（二）报销人员对财务制度和流程的不熟悉

随着高校教育、科研支出越来越受到重视，国家财政和地方财政也加大了对高校的投资力度，教育经费的预算逐年增多，科研事业不断发展，教育体制改革不断深化，高校的办学规模、招生比例逐渐扩大。随着教育经费逐年增加和科研项目的增多，财务报销的种类日趋变化，业务处理流程也日益烦琐与复杂，大多数职能部门对于现行的会计制度、报销规则、报销各类票据凭证等

不熟悉，对于每一笔业务中的流程中要求的经费编号、金额、发票，以及各类附件，本项目的经费负责人、部门负责人乃至分管校领导都不是很清楚。

由于报销者对于财务报销的政策了解不够全面，时常根据以前的政策进行报销，申请单会被驳回。财务人员将会根据每位教职工带来的各项业务对所需要的资料、相关政策、审批表、批文等进行解释，同时部分报销者不会操作财务软件，需要从最基本的填写支出报销凭证、粘贴各类明细的发票以及所需要的附件开始讲解。往往同样一个问题可能要被重复好几次，无形中延长了其他报销者等待的时间，也延长了财务人员业务流程处理的时间，从而导致更多报销人员长时间地等待。

（三）财务信息与业务职能部门的信息共享程度低

高校各部门间与财务处信息并不共享，财务数据渠道单一，信息封闭，无法掌握执行预算的情况，造成超预算审批。我国高校财务管理主要以系统进行会计电算化操作，代替传统人工记账、会计分录核算，一定程度上提高了财务人员工作效率。财务软件固然可以通过系统的设定减少传统人工的低效率，简化数据处理流程，但是只有财务处内部可以清晰地看到全校所有的财务信息，数据传递不流通，共享程度低。除了财务部门外的各学院部门无法第一时间知晓财务经费使用状况，降低了双方的工作效率。

第二节　复合型管理人才不足

一、高校财务管理复合型人才的内涵

（一）含义

复合型人才指不仅在专业技能方面有突出的经验，还具备较高的相关技

能的人。“复合”从字面意义上理解，就是不同的两者或两者以上的合成。复合型人才，是指具有两个或两个以上专业（或学科）的基本知识和基本能力的人才。

高校财务管理复合型人才，即在财务管理相关方面都有一定能力，在财务会计专业方面有突出的经验，技能出类拔萃的人。

财务管理复合型人才具备会计人员职业道德规范，管理、经济法律、计算机技术、网络技术、外语等专业知识以及合作、沟通等综合能力。

（二）高校财务管理复合型人才的特征

高校财务管理复合型人才具备以下特征：

1. 知识特征

具备扎实的财务会计和财务管理基础理论知识，有广泛的知识面，能够将多学科知识融会贯通。他们具备管理、经济法律、计算机技术、网络技术、外语等多领域的知识，能够综合运用这些知识解决问题，并形成新的思维方法和综合能力。

2. 能力特征

具备综合性和创新性的能力。高校财务管理复合型人才不仅具备扎实的基础和多学科知识，还能将这些能力综合起来，形成综合能力。他们善于运用全新的思维方法来解决问题，并具备合作和沟通的能力，能够提出创新的解决方案。

3. 实践特征

注重实践能力的培养和应用。高校财务管理复合型人才具备丰富的实践经验，能够将理论知识应用于实践，通过实践中的问题解决和经验积累，不断提高自身的能力和素质。

4. 专业特征

具备专业责任感和职业操守。高校财务管理复合型人才遵守职业道德规范，具备高度的专业责任感，保护财务信息的安全性和保密性，坚持公正、透明和诚信的原则。

5. 终身学习特征

具备持续学习和自我更新的能力。高校财务管理复合型人才具备持续学习的意识，能够及时了解新的法规、政策和技术的发展，不断提升自身的知识和技能，适应不断变化的财务管理环境。

总之，高校财务管理复合型人才具备扎实的知识基础，综合性和创新性的能力，注重实践和持续学习，具备专业责任感和职业操守。他们能够灵活运用知识和能力解决问题，适应复杂多变的财务管理工作，为高校的财务管理和发展作出积极贡献。

二、高校财务管理复合型人才培养过程存在的问题

高校财务管理复合型人才培养过程存在以下问题：

（一）培养理念落后

高校财务管理专业的培养理念相对滞后，注重专业知识的传授，但缺乏对财务管理能力和素质的培养，导致学生在毕业后只能成为财务执行者而缺乏管理者的能力。

（二）课程设置不合理

财务管理专业与其他类似专业在课程体系和内容上存在相似之处，缺乏明确的定位和培养目标。课程设置与实际社会需求脱节，缺乏与企业实践接轨的课程内容。

（三）理论偏重、实践不足

课程设置偏重理论知识，忽视对学生的防风险能力和综合管理能力的培养。学生缺乏实践经验，无法将理论知识应用于实际工作。

（四）培养目标不明确

复合型人才培养目标缺乏明确性，导致与相关专业的培养目标重叠，培养出的人才无法满足特定岗位的需求。

（五）实践活动不足

学生参与社会实践的机会有限，缺乏与真实企业财务管理工作接触的机会。校内实践环节相对缺乏，学生缺乏实际操作和解决实际问题的能力。

解决上述问题的关键是转变培养理念，注重财务管理能力和素质的培养。调整课程设置，确保与实际社会需求接轨，加强实践环节，提供更多的实践机会。同时，明确复合型人才培养目标，与其他相关专业进行区分。通过这些措施，能够更好地培养出适应社会需要的高校财务管理复合型人才。

第三节　管理机制不健全

《政府会计制度》对高校内控建设提出了新的要求，这就需要高校针对当前内控建设存在的短板，明确操作路径，突出重点，在制度建设、内控环境建设、业财融合、信息化建设等方面与内控建设协同推进。

一、《政府会计制度》实施对高校内部控制的影响分析

（一）提升了会计信息质量

为了对政府受托责任得以明确体现，《政府会计制度》对财务信息和预算执行信息提出了更高的要求，各预算单位必须根据信息披露的相关要求，确保会计信息全面、真实和透明。从内部控制的角度来看，由于《政府会计制度》在核算方法、会计科目的使用、信息披露等方面提出了新要求，特别是权责发生制在高校财务核算中的运用，使得高校必须真实反映运营成本，

以提升资金配置效率，这也就要求高校进一步加强内控管理手段。

首先，财务管理是高校内部控制管理的重要内容，可以确保会计信息真实可靠，这不仅是《政府会计制度》的要求，也是内部控制所要达到的目标。

其次，由于高校内部组织实行的是科层制行政体系，不同层次的组织机构呈现金字塔状态，这种多层委托代理关系对内部控制提出了更高的要求，比如绩效评价、预算编制与执行、资产配置等内部管理事务都须在不同层级的组织内部进行流转，而这种与财务信息管理相关的事务，都要求与《政府会计制度》一致，并确保会计信息的全面性和真实性。

（二）扩展了内部控制内容

与收付实现制相比，《政府会计制度》下的权责发生制在核算方式方面发生了深刻变化，也使高校内部管理的范畴得以扩展，要求高校必须将财务风险评估纳入内部控制管理体系之中。根据权责发生制的会计核算要求，当期实现的收入必须记入当期会计期间，然而，由于高校收入确认时点难于界定，加大了财务风险控制难度，比如，科研收入常会因合同履约纠纷而出现应收账款回收不及时的问题，甚至出现应收账款呆账、坏账。为防范资金风险，确保应收账款安全及时回笼，这就要求高校在内部控制中增加应收账款催收管理、进度管理等方面的管理内容，这也与《政府会计制度》所要求的风险评估相吻合。

根据《政府会计制度》的要求，预算单位需进一步完善信息化管理手段，确保会计核算工作高效运行。如果高校不同的管理部门采用了不同的信息管理平台，各部门的信息沟通协作机制还不配套，就会加大信息共享难度，这就要求高校从内部控制环境入手，对各部门的信息系统进行整合。由于高校经济事务较为复杂，会计核算工作量大，教学、科研设备、耗材以及办公用品的采购、有形资产和无形资产的核算、折旧计提、合同管理、收入确认等事务，如果仅依靠传统手工核算模式，不仅影响会计核算质量，而且容易影响预算资金使用效率，而采用信息化管理手段，并通过联结各部门数据接口的方式整合各部门信息，能进一步提升内部控制管理效率。

（三）加大了相关人员专业技能的挑战

近年来，各高校管理单位对高校内部控制管理的重视程度逐渐增强，不但频频发布相关指导意见，而且在各种会议中多次强调内控制度建设的重要性。虽然高校内部控制管理范围较为广泛，但财务管理仍是内控管理的核心环节，因为高校一切经济事务都在财务管理部门集中反映，如果会计人员业务生疏或专业能力有限，将极大影响内部控制管理综合效能，这就要求财务管理部门在重构业务流程的基础上，对财务人员进行全面培训，以适应内控管理要求。

（四）对高校财务信息全方位要求增强，提高了内部监督的标准

在传统会计核算模式下，虽然高校财务信息实行了公开制度，但信息公开内容仅限于预算公开，而在《政府会计制度》模式下，收入、成本、资产、预算管理效率等财务信息都被纳入信息披露范畴。随着高校内部控制制度的不断完善，要求高校进一步提升财务信息准确性和真实性，这就要求高校从内部监督入手，从严掌握对外信息披露要求。

二、政府会计背景下高校内部控制建设难点分析

（一）资产管理有待完善

高校固定资产类别较多，除房屋及构筑物、场馆基础设施外，教学、科研部门使用的仪器仪表、机电设备、电子设备等固定资产分类更是千差万别，过去，由于资产管理制度、会计核算方式滞后，清产核资也处于走过场状态，难免给高校资产管理带来账实不符、家底不清、资产流失等问题。

随着《政府会计制度》的出台，固定资产管理要求更加规范化，要求各

预算单位在固定资产的确认、计量、核算、折旧以及后续处置方面尽快适应准则要求，以确保固定资产的真实性，然而在制度的落地实施过程中依然存在诸多的难点。以政府集中采购类固定资产管理为例，由于该资产的采购周期长，付款环节完成之后，由于物流运输、安装调试等多方面的原因，资产验收入库环节难以与付款环节保持同步，而如果会计部门在付款环节即进行账务记载，难免造成固定资产账实不符的问题，这就要求会计部门与资产管理部门紧密协同，及时跟踪核对。

（二）往来款管理要求提高

虽然往来款所涵盖的范畴较为广泛，但大致可将其分为两类，一是应付及预收款，二是应收及预付款。在《政府会计制度》出台之前，高校往来款项管理制度较为粗放，应收及预付款科目长期挂账得不到清理，以致往来款科目余额居高不下，由于挂账时间过长，很多应收款项失去诉讼时效，呆账、坏账、账实不符现象普遍存在，给后期清理带来诸多的麻烦；应付及预收款项同样存在诸多的管理漏洞，对无法列支的成本费用，往往会将其挂于其他应付款科目下，造成虚列支出现象，部分高校出现私设“小金库”的情况。

（三）合同管理意识薄弱

随着高校教学科研业务的多元化发展，与经济合同相关的事项随之增加，比如集中采购、培训服务、科研成果转化、资产租赁、物业管理等，这就要求高校财务部门熟练运用权责发生制会计核算方式，准确进行收入确认和成本归属，真实反映各项经济事项。而权责发生制模式下的收入成本核算，须以经济双方签订的合同内容为依据，并根据合同进度处理会计事项。由于大部分高校下辖二级较为广泛，比如附属中小学、二级独立院校、后勤服务业等，都享有一定的独立处理经济事务赋权，在对外经济业务交往、合同谈判、合同签订等方面具有自主权。

另外，基建部门、资产管理部门、教育培训部门在合同签订与谈判环节也与财务部门处于脱离状态，由此可以看出，无论是高校二级单位，还是内设部门，在合同管理方面既缺乏统一归口管理部门，也与财务部门不融合、不协同，因此，对于各自为战状态下的合同签订内容、合同履约进度无法进行动态监控，财务部门很难根据合同履约进度进行收入确认或款项支付，往来款的销账处理也缺乏依据，在此内控环境下的合同管理模式已难以适应《政府会计制度》的要求。

（四）信息化建设进程缓慢

《政府会计制度》对高校信息化建设提出了更高的要求，一是因为《政府会计制度》要求引入权责发生制财务核算方式，并实行预算会计和财务会计双分录记账，这大大加大了会计业务板块的工作量，有必要采用信息化手段进行智能化、自动化控制；二是因为高校内部控制管理需要进一步强化业财融合。目前，虽然高校教学、科研、后勤、基建以及各二级单位都已搭建了信息处理系统，但总体来看，由于各信息系统所使用的软件系统参差不齐，无法在各部门的信息平台实现数据对接，因此各系统的信息内容难于共享，特别是在业务与财务部门信息脱节的状态下，财务核算的收入确认、成本归属、账实核对工作往往顾此失彼，会计核算质量难以得到有效提升。

第六章 新形势下高校财务管理信息化建设思路

第一节 高校财务管理信息化建设的意义

一、高校财务信息化管理的基本概念

（一）财务管理信息化概念

随着经济飞速发展，财务工作内容发生了重大的变化，不再是传统的记账和核算工作，而是报表分析、财务预测、预算管理、财务监控等更加复杂的工作。财务管理系统的出现，提高了财务工作的效率，高校通过信息化的建设，来帮助高校进行财务管理。

财务管理信息化是将高校各个部门的业务通过系统软件整合到一起，财务部门可以对各项业务进行把控，做到事前预测、事中监控、事后结算、业务分析，保证项目资金的安全与真实性，提高业务过程的透明化、公开化，降低财务风险。通过财务数据汇总，提供可视化的财务分析报表。

（二）高校财务管理信息化概念

高校财务管理信息化建设是实现教育现代化的重要组成部分，高校财务管理信息化不仅能推动高校财务管理的改革，还能规范资金使用，有效降低财务风险，提高财务管理水平。

高校财务管理信息化是指以高校财务工作模式重组为基础，利用信息技术、数据库技术，实现高校财务活动信息的收集、分类、汇总，通过集成化管理和控制，为管理人员提供决算、预测、决策、监管等分析手段，保证财务活动合法合规以及资金的安全、真实，实现办学效益最大化。

高校财务管理信息化不是单纯的会计电算化的应用，而是计算机平台与财务管理的综合运用，是财务信息资源共享、业务联动的融合管理，其基本理念是以“会计核算为基础，财务管理为核心，资金控制为重点，现代技术为手段”，通过财务数据的高度集成，建立财务业务预测、监控、分析的管理机制，达到强化管理、资金监控、风险控制的目的。

（三）高校财务管理信息化平台概述

财务信息通过系统软件的集成便形成了财务管理信息化平台，高校财务管理信息化平台是财务信息传输的通道，是实现财务管理信息化的重要支撑。高校财务管理信息化平台建设主要包含四个内容：一是建立数据交互平台，通过数据交互系统对各个部门的数据进行数据传输、数据共享，解决“信息孤岛”的问题，为了保证数据的安全性，必须设定不同权限，针对不同的部门作出不同的反馈结果，数据只能在业务相关的部门交互，避免信息泄露；二是制定信息化标准，对活动内的信息按既定的标准进行数据采集、数据分类，保证各个部门基础数据的统一性、准确性，为数据交互提供保障机制；三是内控平台的搭建，通过建立内控信息化平台，实时掌握院系、部门管理动态，使业务办理过程数据透明化、公开化，及时发现和解决问题，从而有效推动相关工作的程序化和常态化；四是业务流程再造，通过现代化技术手段，重新梳理业务流程，针对不同的工作人员给予不同的系统权限，强化管控，规避财务风险。

（四）高校财务管理信息化发展概述

高校财务管理信息化不是一蹴而就的，而是经历多年的积累发展，随着信息技术的进步，慢慢地由最传统的手工会计记账发展演变而来的。基于技术手段变迁的财务工作角度出发，我们可以发现高校财务管理由最初的手工记账管理发展到如今的财务管理信息化经历了四个阶段：手工记账管理时期、会计电算化时期、局域网时期、互联网时期，下面就这四个阶段进行详细的梳理。

1. 手工记账管理时期

在计算机未普及之前，高校财务管理均采用的是手工记账的模式。早期各个高校的资金来源也较为简单，人员、部门构成并不复杂，因此单纯的手工记账已经可以满足学校的财务需求。对高校的经济活动进行手工记账、汇总、分类，这也是财务管理的雏形。其实记账在我国发展多年，在我国历史上很早就有“账房”这个概念，延伸至现在也就是财务部门。

2. 会计电算化时期

随着社会的发展，计算机办公进入人们的视线，一些高等院校已经开始使用计算机办公记账，原始的手工记账逐渐被计算机替代，也就是我们所说的会计电算化。这一时期，会计电算化和手工记账的内容变化其实不大，两者主要的区别在于运用记账的载体不同。会计电算化替代了传统的记账方式，财务数据通过计算机数据计算，可以获得更加精准的数据，数据查找、汇总也更加方便。由于此时计算机并未在高校全面普及，高校的财务软件也很单一，功能简单，市面上的财务软件大多数都是停留在模拟手工记账的层面，并且教职工、学生行为习惯并没有及时转变，使用现金仍是主流的结算方式，计算机的使用频率并不高，此时的会计电算化只是由手工记账转化为计算机记账，本质上改变得并不多。

3. 局域网时期

局域网是财务管理信息化的一个重要发展阶段，随着计算机的普及和互联网的发展，不少高校已经建立起校园局域网，这一时期涌现出许多新的财务软件和专业的财务管理系统。局域网时期，计算机记账已经不再是简单地模拟手工记账，涉及的内容更加广泛、全面，对于财务工作的效率有了很大的提升。大多数的校园经济活动的资金核算已经能够通过计算机来实现，并且能够实现内部人员之间相互传递数据，也可以多人协同操作。局域网时期的局限性在于，财务系统的信息和数据与外界的计算机无法做到互联互通，以至于校园外部的经济业务难以融入，校园内部的财务信息难以共享。当高校需要对外使用财务数据时，仍然需要通过财务人员的信息提取，外界才能够看得到，并且不能够被外界的财务系统所使用。局域网时期的财务软件之间衔接并不好，具有一定的封闭性，这一时期，只能说计算机技术进一步完善了财务管理。

4. 互联网时期

随着互联网的发展，网络信息化时代的到来和移动端的发展，无论是资金流动的方式还是支付方式都发生了翻天覆地的变化。特别是对高校来说，财务管理信息化已经进入了高度互联共享的状态，大部分财务相关的工作能通过互联网解决，不再局限于内部。无论是高校内部各个部门之间还是与外部之间，或者是校内的学生之间都能够完美地对接。比如校园一卡通、学费缴纳等，都能够通过互联网完成，通过互联网能够与其他的系统平台进行数据连接，也能够更加高效地进行数据处理、数据共享、数据分析等工作。

二、高校财务管理信息化系统分析

（一）财务管理信息化的特点

随着社会的发展和教育全球化趋势的加剧，很多高校的规模已经做大，高校的内外部环境对财务管理提出了更高的要求，在这样的背景下出现了财务管理信息化的思想。财务管理信息化是在业务流程重组的基础上，在一定的深度和广度上利用计算机技术、网络技术和数据库技术，使高校的物流、资金流、信息流整合为一体，提供经营预测、决策、控制和分析手段，实现高校内外部财务管理信息的共享和有效利用，提高高校的经济效益和市场竞争力。

财务管理信息化的特点为：

1. 财务信息的重组

财务管理信息化通过与管理信息系统的无缝衔接，实现了业务流程、财务工作流程和信息流程的集成，消除了“信息孤岛”现象，提高了信息的共享性。财务信息得到了重组和整合，从分类汇总的数据向更细致、准确、丰富的数据转变。

2. 财务流程重组

传统的财务会计流程侧重于分类系统，但财务管理信息化将财务信息与业务系统紧密结合，采用事件驱动的模式，实现财务管理的集成化。财务流程重组使财务工作嵌入各个业务部门，实现财务管理与业务活动的同步。

3. 实时反应与控制

财务管理信息系统实现了对高校财务信息的实时采集、处理和传输。通过数据仓库和高度集成的环境，管理者可以及时获得影响高校资产、负债或所有者权益的信息，提高决策的准确性和及时性。同时，财务管理信息系统可以实现事中控制，对高校运营全过程进行实时控制，并对不同地域的成员的运营状况进行纵向控制。

4. 面向管理决策

财务管理信息化系统不仅是用于会计核算和报表编制，更重要的是为管理者提供经营预测、决策、控制和分析的手段。通过利用已有的业务和财务的综合信息和决策模型，建立决策支持系统，提高高校整体的管理水平和经济效益。

5. 拓展财务信息工作前景

财务管理信息化系统更加注重发挥信息的优势，拓展了财务信息工作的前景。它不仅满足传统的财务会计需求，更注重对财务管理的支持，提供综合性的财务信息和决策支持，使财务管理更加高效、准确和全面。

财务管理信息化系统具有重组财务信息、重组财务流程、实时反应与控制、面向管理决策和拓展财务信息工作前景等特点，通过综合运用计算机技术、网络技术和数据库技术，实现高校财务管理的信息化、集成化和智能化，提高管理水平和经济效益。

（二）高校财务管理的任务

高校财务管理信息化的目的也在于更好实现财务管理的任务。高校财务管理的任务主要有以下七个方面：

1. 多渠道筹集事业资金

高等学校需要依法通过多种途径筹集资金，包括政府拨款、学费收入、科研项目经费、捐赠等，以支持学校的运作和发展。

2. 编制学校预算并进行控制和管理

高等学校需要根据各项经济活动的需求和预期目标，合理编制学校的预算计划，并对预算执行过程进行监控和管理，确保资金的合理分配和使用。

3. 资金配置和节约支出

高等学校需要科学配置学校的资源，包括教学设施、实验室设备、人力资源等，努力节约支出，并提高资金的使用效益，以确保资源的最优利用和学校经济的可持续发展。

4. 资产管理和防止国有资产流失

高等学校需要加强对资产的管理，包括固定资产的登记、保管、使用和处置，防止国有资产流失和损失。

5. 建立健全财务规章制度

高等学校需要建立完善的财务规章制度，规范校内经济秩序，确保财务管理的规范性和透明度。

6. 如实反映学校财务状况

高等学校需要准确、真实地反映学校的财务状况，包括各项需公开的财务信息的披露。

7. 监督学校经济活动的合法性和合理性

高等学校需要对学校的经济活动进行监督，确保经济活动的合法性和合理性，防止财务违规行为的发生。

高等学校的财务管理是对学校的资金投入、耗费和退出过程进行全面的预算管理和规范化的经济活动管理，以满足相关方面了解学校财务状况和收支情况的需求，并为加强内部管理提供有用的信息和决策支持。财务管理在高等学校的运作中扮演着重要的角色，确保学校财务的健康运转和可持续发展。

（三）账务管理业务流程分析

财务管理信息化是在高校财务管理流程基础上的信息化，在高校财务管理信息化的过程中，仍要遵循财务管理业务流程。

高校财务管理业务流程如下：

1. 会计人员根据原始凭证填制记账凭证

经济业务发生后，会产生原始凭证。会计人员根据不同种类的原始凭证编制记账凭证。

2. 审核人员审核记账凭证

会计人员填制的记账凭证需经审核人员的审核。审核的内容主要有：第一，原始凭证的真实性、合法性，如经济业务的真实性、发票的真伪等；第二，原始凭证的完整性。如支付款时必须提供发票和付款审批流程表，缺一不可；第三，记账凭证的信息是否完整，记账凭证应包括日期、会计科目、金额、经办人等信息；第四，会计科目的使用是否与原始凭证所反映经济业务相符，并符合相关规范的要求；第五，金额是否正确。

3. 月末根据审核无误的记账凭证编制记账凭证汇总表

会计人员将当月记账凭证中所涉及的会计科目发生额进行加总，然后填写固定格式的记账凭证汇总表。

4. 根据审核后的记账凭证登记明细账、总账

如果记账凭证涉及现金和银行存款的收付款业务，应先由出纳人员登记现金日记账和银行存款日记账，然后会计人员根据记账凭证汇总表登记总账，再根据每张记账凭证登记明细账。登记明细账的实质是对记账凭证的内容按科目进行分类和归集的过程。

5. 月末进行账账核对

登记总账和明细账后，将现金和银行日记账的发生额、余额与总账核对；明细账的发生额、余额与总账核对。这实际上是一个利用会计平衡关系查错的过程。只有在账账相符的情况下，才能证明账簿的登记是准确无误的。

6. 账账相符后，进行结转

将各科目的余额、发生额结转到下一个月或下一个年度，并根据总账和明细账编制定期财务报表，包括月报、季报。

7. 年终编制财务决算

财务决算有固定的填报方法和报表格式，会计人员要据此对当年的总账、明细账等的发生额和余额进行计算和分析，然后填制报表，审核无误后上报主管部门。如果学校有管理方面的要求，会计人员可以根据财务决算进行财务指标分析，通过对管理的各项指标计算结果的分析，反映学校投资完成情况及效果等。

（四）财务管理数据流程分析

财务核算业务，从会计人员根据审核后的原始凭证编制记账凭证开始，形成一个数据流，它是由凭证编号、会计科目、项目编码、单位编码、金额等数据组成。记账凭证汇总后，会计人员开始登记账簿，数据分别流入现金、银行存款日记账及明细账，再根据汇总数据登记总账，最后由会计人员编制会计报表。编制报表的过程实际是对每个账户的数据进行计算、分析和汇总的过程，即数据经过加工处理流向终点的过程。

三、新形势下高校财务管理信息化建设的价值

（一）提高高校财务管理工作的质量

高校财务通过线上、线下的双向结合，能够将复杂烦琐的财务工作简化，降低财务管理工作的强度及压力，使财务管理数字化建设为高校教育工作的推进提供更多的支持。而将相关技术运用到财务管理中，可以让管理工作更为便捷，提升财务管理者信息整合、数据汇总及财务计算等多方面的能力，从而为高校财务管理工作高质量开展奠定基础。在信息化建设中，还可以促进管理工作服务的多样化衔接，提高财务管理核算及数据计算准确性，降低人为因素导致的误差率问题，提升高校财务管理工作对各项细节的把控能力，进而解决时效性不足等相关管理规划滞后问题，不断满足学校协同管理和发展的需要，为提高整体工作水平提供切实有效的保障。

（二）强化高校财务管理风险控制与管理能力

财务管理风险主要来源于财务核算、财务信息统计及财务规划等多个方面。传统的财务管理模式存在诸多管理漏洞，导致高校难以对财务风险进行预警。虽然事后补救能够降低财务管理风险，但无法有效针对财务风险进行科学防范。财务管理的信息化建设能够帮助高校将被动的管理工作转变为主动的管理格局，使其摆脱繁重的、被动地管理窠臼，提高财务管理效率。在信息整合、优化及大数据平台管理等技术的运用中，高校财务管理工作可以从人为因素风险、自然因素风险、管理因素风险及不可抗力因素风险等多个维度，为高校财务管理的风险预警提供帮助，实现财务管理风险的全过程管控。新时期高校教育服务业务内容的增多，也进一步增加财务风险的产生概率。运用信息化技术进行财务管理核算、统计及信息归档，可以更好地针对业务内容做好信息化建设优化，降低新时期高校财务风险产生的可能性。

（三）优化高校财务管理的人力资源应用

控制人力资源成本，加强财务管理工作成果转化，实现高校财务管理工

作全面性覆盖，是新时期财务管理信息化建设的重点。但传统管理工作方式对个人工作经验具有较高的依赖性。不同的财务管理人员的工作优势及工作特点存在较大差异，使高校在人力资源成本控制方面，无法有效控制相关工作的经济支出。而高校财务管理工作成果产出及工作投入未能形成正比，人力资源的成本将成为影响工作质量及工作时效性的重要因素。围绕信息化发展构建数字化管理体系，加强对人力资源管理配置，优化多岗协同，则可更好地为高校财务管理工作的推进提供帮助。高校财务管理的信息化建设可为人力资源管理优化提供帮助，使高校能运用相对较低的人力资源成本投入，实现财务管理系统化、高效化的转换，不断增强人力资源管理的合理性及有效性。

第二节　高校财务管理信息化建设的原则

一、符合新形势下的改革需求

随着经济的发展，财务管理的内容和管理方式都发生了重大改变，许多新业务、新项目被纳入了管理范畴，如财务信息化管理、内控制度建设、财政资金绩效评价等都给财务管理带来了不同程度的挑战。高校的财务管理信息化建设应符合《国家中长期教育改革和发展规划纲要（2020—2035 年）》，符合部门预算、国库集中支付、政府采购、非税收入管理、国有资产管理等财政改革要求，利用信息化技术优势，加强财务管理，规范会计基础工作，对分散和多样化的财务核算系统进行整合，促进高校健康发展。

（一）高校财务信息化发展现状与挑战分析

1. 发展现状

在基础设施建设方面，许多高校已经建立了财务信息化系统的基础设施，包括硬件设备、网络基础、数据库等，并实现了财务数据的电子化处理和存储。

在系统应用范围方面，财务信息化系统的应用范围逐渐扩大，不仅包括会计核算和财务报表编制，还涵盖了预算管理、资产管理、成本管理、绩效评估等方面。

在数据集成和共享方面，一些高校已经实现了财务管理信息系统与其他管理信息系统的数据集成和共享，实现了信息流的畅通和共享，提高了信息的准确性和及时性。

在决策支持功能方面，财务信息化系统提供了更强大的决策支持功能，通过数据分析和模型建立，可以为高校管理者提供更准确、全面的财务信息，辅助管理决策的制定和执行。

2. 挑战

（1）数据质量和准确性

在财务信息化过程中，数据的质量和准确性是一个关键问题。由于数据来源多样化、数据录入环节可能存在错误，以及数据传输和处理过程中的问题，可能导致系统中的数据出现错误和不一致，影响决策的准确性和可靠性。

（2）系统集成和数据共享难题

不同部门和系统间的信息集成和数据共享仍然存在困难。由于各个系统的数据格式和标准不统一，数据交换和共享的技术难度较大，导致信息孤岛问题依然存在，影响了信息的流动和整合。

（3）安全与风险管理

随着财务信息化系统的应用，信息安全和风险管理成为一个重要问题。高校需要采取有效的措施，保护财务信息的安全性，防止数据泄露、网络攻击和非法访问等风险。

（4）人员培训和技能提升

财务信息化系统的使用需要具备相关的技术和操作能力，但一些高校的财务人员可能缺乏相关的培训和技能，导致系统的使用和管理存在困难，影响了系统运行的效果和效率。

（5）系统定制和适应性

每个高校的财务管理需求和业务流程都有所不同，需要对财务信息化系统进行个性化的适应。然而，一些现有的财务信息化系统可能缺乏灵活性和可定制性，无法完全满足高校特定的需求，需要进行定制开发或系统升级，增加系统的灵活性和适应性。

（6）成本投入和效益评估

财务信息化系统的建设和运行需要一定的投入，包括硬件设备、软件购置、系统维护等方面的费用。高校需要进行成本效益评估，确保投入的资源能够带来相应的效益和回报。

（7）变革管理和组织文化

财务信息化系统的应用需要对组织进行变革管理，包括重新设计业务流程、调整组织结构、培养员工的信息化意识和技能等。高校需要积极引导和推动组织文化的变革，使财务信息化系统的应用得到有效支持和认可。

高校财务信息化系统在发展中取得了一定的成就，但仍面临诸多挑战。解决这些问题需要高校加强管理和投入，加强系统建设和数据质量管理，培训和提升人员技能，推动系统集成和数据共享，同时注重信息安全和风险管理，确保财务信息化系统能够为高校的财务管理提供准确、可靠的支持。

（二）实现高校财务信息化的重要意义

1. 提升财务管理效率

财务信息化可以替代传统的手工记账方式，提高财务管理的效率和精度。自动化的数据采集、处理和报表生成减少了手动操作的时间和错误率，提高了财务数据的准确性和及时性。财务人员可以更快地完成财务核算和报表编制，为决策提供及时可靠的财务信息。

2. 加强财务管理的规范性和透明度

财务信息化系统可以建立统一的财务管理规范和流程，使财务管理更加规范和透明。通过系统化的数据录入和审计跟踪，可以减少人为操作的风险和错误，提高财务数据的可信度和可审计性。同时，通过系统生成的报表和分析工具，管理者可以更清晰地了解学校的财务状况和运营情况，有助于提升管理决策的科学性和精准性。

3. 加强资源配置和成本控制

财务信息化系统可以实现对学校资源的全面管理和监控，包括资金、人力、设备等方面的资源。通过对资源的综合分析和预测，可以更好地进行资源配置和成本控制，提高资源利用效率和经济效益。同时，财务信息化系统还可以帮助学校识别和分析成本结构，找到成本的优化和节约潜力，实现财务管理的持续改进和效益最大化。

4. 支持决策和战略规划

财务信息化系统提供了全面、准确、及时的财务数据和分析工具，为高校管理者的决策和战略规划提供有力支持。通过系统生成的各类报表和财务分析指标，管理者可以全面了解学校的财务状况、收支情况和运营情况，及时发现问题和风险，并采取相应的措施进行调整和优化。财务信息化系统还可以支持预测和模拟分析，为管理者制定长期发展战略和目标提供决策依据。

5. 促进高校的现代化管理

财务信息化改造是高校现代化管理的重要组成部分。通过引入先进的信息技术和管理理念，财务信息化系统可以提升高校的管理水平和效能。自动化的财务流程和报表生成，减少了烦琐的手工操作，提高了管理效率。同时，系统化的财务数据和分析工具使管理者能够更好地监控和评估学校的经营情况，制定科学的管理策略和决策，推动高校向现代化管理转型。

6. 支持高校的内外部审计和监督

财务信息化系统提供了翔实、准确的财务数据和审计记录，支持高校内部审计和外部监督。通过系统化的数据采集和存储，审计人员可以更方便地进行审计工作，检查财务交易的合规性和准确性。同时，财务信息化系统的数据可追溯性和审计跟踪功能，提高了审计工作的效率和可靠性，增强了高校的内部控制和风险管理能力。

7. 适应信息化时代的要求

随着信息技术的迅速发展和应用，高校财务管理也面临着信息化的时代要求。实现财务信息化改造，可以使高校财务管理与时俱进，紧跟信息化的趋势。通过引入先进的信息技术和管理工具，高校可以更好地应对信息化时代带来的挑战和机遇，提高工作效率、质量和水平，推动高校财务管理的现代化和智能化发展。

实现高校财务信息化改造具有优化财务管理模式、提高会计核算准确性、加强资源配置和成本控制、支持决策和战略规划、提升信息安全和风险管理能力、促进高校的现代化管理以及适应信息化时代的要求等重要意义。这些意义的实现将推动高校财务管理向更高效、准确、科学和可持续的方向发展。

二、利用大数据和互联网平台

在互联网极速发展的今天，5G 时代已经悄然到来，随着大数据的深度发展与应用，传统的经济模式被逐步取代，这意味高校的竞争环境也发生了明显变化，在大数据时代下，高校应正视自身所处的位置，结合实际发展需要，突破自身管理壁垒，从而实现财务数据信息化。财务数据的本身其实就是记录高校从办学以来的财务活动状况，是财务管理的重要支撑，因此高校财务管理信息化建设其本质就是为了提高财务数据的安全性、规范性、有效性。借助大数据与互联网平台，可以规避传统纸质数据遗失、不易查找统计数据等弊端，从而推动财务管理信息化建设，提高财务管理水平。

（一）大数据对高校财务管理的影响

现在的高校对于数据信息的重视程度远超过去，但是简单的数据信息处理完全不同于大数据背景下的数据处理方式，一些传统的、简单的处理手段已经不适应大数据背景下的数据利用及处理需要。当前高校财务管理工作已经由简单的记账向决策支持和资源配置转变，要求高校财务管理工作必须从宏观上考虑资源筹划、资本运营、资产管理等重大财务事项，着眼于高校的长远发展。

可以说，当代高校财务管理环境发生了深刻变化，对高校财务工作提出更多、更高的要求。随着公共财政体制的系列改革，教育主管部门要求高校财务管理更加精细而深化。事业单位内部控制规范、新的高校财务制度和会计制度要求高校财务管理更加规范而有序。从学校自身发展需要来看，资金量膨胀与规模扩张，需要高校财务管理提供更加有效的管理支撑。高校管理者和教师对财务服务的实际需求呈现不断增长的趋势，如教职工财务报销数量增加，高校经营成本分析、财务风险控制、人员绩效分析等精细管理运用，都需要高校财务管理提供更加满意的财务管理和会计服务。

1. 对高校财务分析工作提出更精细和更专业的要求

高校的财务报表已经不是简单地以量化的财务数字、分目表达来反映单位的收支情况、资金运营等现实经济状况，而是囊括了所有资产、人事、科研、教学、后勤等大量信息的综合报表。传统单一的会计数据处理方式已不能满足现在财务报表编制需要，如何持续地收集多方面数据并将其转换成精确有效的财务信息是高校面临的普遍问题。大数据时代的到来，为财务工作能更加有效地加强与各部门的业务联动，分享大数据技术成果创造了条件，因此，如何实现对高校发展的有力支撑，进而提升高校财务精细化管理水平，依然是高校财务管理面对的重要任务。

2. 对化解高校财务风险提出更高和更严的要求

随着信息技术的不断发展，网络环境发生了巨大变化，会计信息系统面临的挑战越来越多。在大数据时代，海量数据的整理、输入、处理、通信、保持、输出是构成会计信息系统的几个主要部分，这些环节都可能存在安全隐患。比如信息的传输与处理流量剧增，容易导致信息量过大引发信息通路的拥堵；由于数据过滤、筛选和分析功能日益重要，信息量过大会引发传输、处理得延迟，影响数据处理的效率。这些都需要财务人员针对提高会计信息系统的安全性和稳定性进行不断探索。而信息高度集成化也存在管理漏洞，海量信息处理的高度集成化加大了责任认定和追究的难度，一旦出现问题，高校需要通过来回查阅资料、调阅影像、ERP 问询等才能确定责任人。

（二）建立高效的财务共享信息化网络平台

如何利用大数据做好高校财务管理？通过建立高效的财务共享信息化网络平台，可以充分发挥大数据优势，使财务管理更精细化、更有效率地提供对决策有用的信息。近年来，在网络经济和信息技术高速发展的背景下，网络财务作为一种新型的财务管理模式正在兴起。网络财务是以财务管理为核心，业务管理与财务管理一体化，基于互联网技术实现各种远程操作、事中动态会计核算和在线财务管理，并能处理电子单据和进行电子货币结算的一种财务管理模式，它也是电子商务的重要组成部分。

随着网络财务应用的普及和推广，高校也可以运用网络财务这一财务共享方式搭建一个数据应用平台。这既是一个有效的财务信息网络平台，可以将财务内部收费、预算、核算、决算、支付等内部系统统一集成，又是一个涵盖面广泛的公用信息平台，可以以财务数据为核心数据，整合各业务部门信息数据，如将国有资产管理、收费管理、人事管理、科研管理、学生管理、图书管理、后勤管理、财务预算、会计核算系统等各部门的业务有效糅合，实现各种应用数据库的信息共享。具体来说，建立信息化网络平台有三大好处。

1. 使信息采集更加高效快捷方便

过去财务人员需要去各业务部门专门搜集原始凭证，现在利用信息网络平台直接采集各业务部门原始数据，节省了数据收集的成本和时间，提高了数据的准确性，有利于财务的统一动态管理。

2. 使管理更加有效、及时、全面

借助信息技术手段，财务人员从海量繁复的数据中提取对高校发展有用的关键信息，通过互联网向高校领导和主管单位提供全面及时的高质量信息服务，可以突破传统财务核算对于地域和时间上的限制，实现各系统的有机整合，避免信息的孤立和重复。

3. 使数据服务涵盖面更广

信息化网络平台可以广泛服务于高校的教学、科研、管理和生活等各个方面，通过多种方式满足高校教师、学生、管理人员等用户的访问和应用，如通过校园门户网站等形式将这些应用系统提供的服务集成，供用户访问和利用。总之，建立这样一个面向应用、安全可靠、操作便捷、技术先进、规范统一、灵活可扩的公共信息平台，实现校园内各种信息系统之间的互联互通和数据共享，对于合理配置学校资源、强化预算绩效管理、核算办学成本、提高财务管理水平等方面都将发挥重要作用。

三、充分利用大数据与区块链技术资源

高校的财务管理水平直接影响高校战略决策的有效性。随着我国高等教育事业的不断发展，高校资产的规模也不断扩张，对财务管理系统的优化提出了更高的要求。报销难、流程烦琐、效率低下、信息孤岛、数据分析薄

弱、预决算偏差、资金监管不到位等问题始终困扰着高校财务相关人员，传统财务管理系统已无法满足日益增长的业务量需求和财务信息供给需要，财务管理系统优化升级迫在眉睫。而大数据和区块链技术的发展为排除目前高校财务管理的困扰带来了新思路和新方向。大数据技术在财务数据的提取、储存、共享、检索、分析和预测等方面都将发挥重要支撑性作用，而区块链技术的应用则将为财务数据信息的安全性、准确性等提供重要保障，使大数据下高校财务管理系统更加完善，进而有利于提高高校财务管理的信息智能化水平，加强预算管理，优化资金使用效率，强化收支监督，提高预决算透明度和审计效率，完善绩效管理。为此，在大数据与区块链背景下探讨高校财务管理系统的优化升级，对于提高财务核算效率、财务精细化管理和高校财务服务水平，使高校财务管理体系满足教学科研需求，以及更好地服务于高校战略决策具有重要的理论和实践意义。

（一）大数据与区块链背景下高校财务管理系统优化的驱动因素

1. 大数据技术在财务领域的应用日趋成熟

大数据环境下的会计核算也被称为“云会计”，和传统会计核算不同的是，云会计利用关系型数据在云端建立会计核算账目，其核算的数据信息保持在“线上”，方便用户随时随地通过互联网连接到服务器进行会计核算工作、数据维护以及数据查询和利用。大数据技术的应用能够获得更多的非结构性数据，并精确地反映出数据之间的内在联系，有利于全面地、个性化地分析数据，将为高校决策提供更加科学精确的财务数据支撑。大数据技术的普及和日趋成熟，为高校财务管理系统的进一步优化升级提供了可能。

2. 区块链技术确保大数据下财务数据的有效性

大数据的任何应用都依赖于数据本身的质量，而数据质量的高低又取决于数据的收集过程。但大数据技术的开放性和高效性的特点极大增加了信息数据被有意篡改、恶意泄露、故意破坏等风险。随着区块链技术的进一步发展和应用，为解决大数据技术在财务领域应用的瓶颈提供了新的思路。区块链与大数据技术的结合应用，可以激活大数据本身的海量、多样、时效等优势，弥补数据失真、准确性不足等缺陷，一方面大大减少有效数据的收集和整理成本，另一方面确保了大数据背景下高校财务管理的有效性，有利于系统使用者获得更多、更好、更有效的数据信息。

3. 电子会计档案的规范化

随着会计信息化水平的不断提高，会计档案的管理变革也迎来新的机遇和挑战。2015 年 11 月 26 日国家税务总局发布了《国家税务总局关于推行通过增值税电子发票系统开具的增值税电子普通发票有关问题的公告》，2015 年 12 月 11 日财政部、国家档案局公布了修订后的《会计档案管理办法》，明确将电子会计档案纳入会计档案范围。该办法规定符合一定条件的且附有有效电子签名的电子会计资料可仅以电子形式保存，形成电子会计档案。电子会计档案的逐步规范化推动电子发票的广泛应用，进而促进财务数据的丰富提取。这将有利于财务信息数据得到深度挖掘和有效利用，为财务管理系统优化升级奠定了坚实的制度基础。

4. 区块链电子发票的兴起

电子发票从 2013 年推广至今，已经渗透到众多经济领域，其降低成本、节能减排、快速便捷且为税务机关提高税收管理水平等优势日益凸显，但其在使用过程中存在的数据可更改性、重复性报销、虚假入账等局限性仍然不容忽视。随着 2018 年 8 月全国第一张区块链电子发票在深圳的出现，区块链技术已然成为解决电子发票应用管理中难点和痛点的突破口，有望使电子发票真正充分实现其价值。与传统电子发票不同，区块链电子发票连接了消费者、商户、供应商、税务局等每一个节点，并盖上时间戳，使每个环节都可追溯、信息不可篡改、数据不会丢失，从而保障了发票的真实性和安全性。未来成熟的区块链发票体系应当是能够将商品流、资金流、发票流、纳税流一票融合全部“上链”，将电子发票向数字发票转化，实现数据的及时提取、统计分析和共享，解决信息孤岛问题。

（二）大数据与区块链技术在高校财务管理系统中的应用

大数据与区块链技术为高校更好地开展财务管理工作提供了技术支撑与保障，基于大数据与区块链技术构建财务数据共享体系已成为新形势下高校加强财务管理水平和服务能力的有效路径。以 Z 大学的财务报销管理模块为例，对高校运用新技术进行财务管理系统优化升级进行探索。

1. 大数据与区块链技术下的财务数据共享体系构建

大数据与区块链技术下的财务数据共享体系初步分为三个层次：数据资金来源层、数据存储及处理层、数据资源应用层。其中数据资金来源层包括 PC 端、移动设备端、外部存储设备端等多种财务数据来源，客观反映交易事实、存储交易数据资料，是财务数据共享体系的基础数据信息部分。数据存储及处理层主要是指大数据与区块链技术下的数据资源处理服务器，是财务数据共享体系的基础，分别由硬件和软件组成。其工作原理是将经济业务往来信息经由数据接口、存储设备和网络设备等实时传输到区块链网络上，在全网节点的共识机制下获得批准后存储到区块链数据中心，后由大数据技术进行海量数据管理并对接到应用层。应用层包括报销管理、项目管理、预决算管理、缴费平台、资产管理、预警机制等多个模块，是海量财务数据在大数据与区块链技术下的实际应用体现，满足财务信息使用者对数据的核算、查询、跟踪、监控、分析、预测等各方面的需求。

2. 传统高校财务报销管理模块流程——以 Z 大学为例

传统高校财务报销管理模块的流程主要分为准备、报销、支付三个环节，以 Z 大学为例，流程如图 6-1 所示。具体包含以下几个步骤：

第一步，报账人员与外界或高校内部发生经济业务往来并取得纸质发票、电子发票、清单、合同、支付记录等相关的原始单据；

第二步，报账人员必须将其中的电子单据、发票真伪查验记录等打印出来，然后将所有这些原始单据按照经济业务类型一一对应，整理妥当并根据费用项分别汇算出总额；

第三步，登录财务报销系统进行网上预约，按规定选择项目、经济业务类型等填制预约报销单，如果存在电子发票还需要认证以避免重复报销；

第四步，递交给项目负责人、经费主管和其他相关负责人审批签字；

第五步，相关主管部门审批盖章；

第六步，财务人员审核、入账制单、复核；

第七步，出纳人员支付款项，最后由档案管理人员装订凭证并存档。

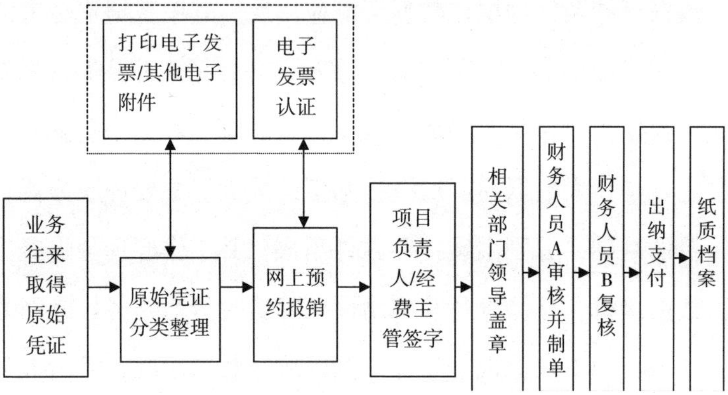

图 6–1　传统高校财务报销管理模块流程

由图 6–1 可知，首先，在传统高校财务报销流程中，报账人员需要在报销准备环节花费大量的时间和精力，财务人员也被束缚在整理票据、核算和制单的简单机械化操作上。流程的每个环节都可能由于诸如原始票据不符合财务规定、缺少相关证明材料、经费使用不当等原因而返工，从而消耗大量的时间和人工成本。其次，传统电子发票认证的方式在实际操作的过程中，可能会遇到不少不可控因素从而无法从根本上解决重复报销的问题。同时，在传统高校财务管理下，信息需求者只能去档案室现场查看明细账，不利于财务信息的实时监控，更不能满足个性化信息需求。且财务信息往往是相对独立和封闭的，财务报销管理模块与其他模块或信息系统相分离，形成“孤岛”现象，不利于高校财务共享服务平台的构建。

3. 基于大数据与区块链技术的高校财务管理系统优化

大数据与区块链技术的有机结合应用将实现对高校财务管理系统的优化。仍然以 Z 大学的财务报销管理模块为例，此时报销的大部分工作将实现线上处理。报账人员收到区块链电子发票和其他电子附件后，将材料上传至报销系统，报销系统自动读取原始数据形成电子汇总单并进入后续步骤。经相关经费负责人或主管部门线上审批并附上电子签章后，可由系统自主复核或财务人员复核，最终自主形成电子记账凭证。最后，由系统自主支付完成报销程序，并生成电子档案。

由图 6–2 可知，高校财务管理系统优化后，可极大地提高财务报销工作效率。对于报账人员来说，交易活动结束后获取发票信息更加快速便捷，更不用担心发票信息错开、发票遗失、发票粘贴、金额核算等问题，发票流转过程中不需要在各审批部门和负责人之间奔波、等候，打破了时间和空间的限制，并实现财务报销状态实时可查。而对于财务人员来说，新技术的应用可以取代人工核算、制单业务、基础审核和支付工作，大大减少了财务人员的工作量。

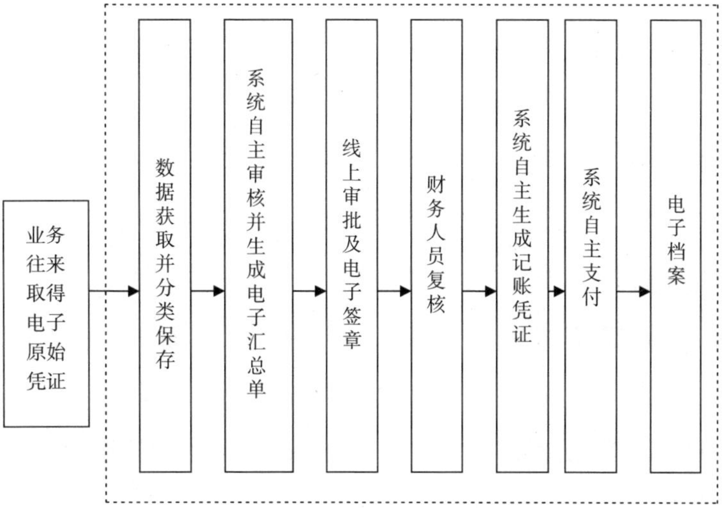

图 6–2　基于大数据与区块链技术的高校财务报销管理模块

（三）大数据与区块链技术应用下高校财务管理系统的特点

大数据与区块链技术的结合应用下，高校财务管理系统将得到优化，其优化后的特点主要体现在以下五个方面：

1. 提高财务核算工作效率

高校财务管理系统升级后，流程明显简化，可以提高财务核算工作效率。大数据的数据采集技术使原本烦琐细致的重复性人工操作工作减少，便利了报账人员的同时释放了财务人员的双手；线上审批和电子签章的应用提高了审批效率，可以解决审批的及时性问题；系统自主支付结算也有效地加快了资金的安全支付进度。

2. 系统自主化程度提高，减少各项成本

大数据和区块链技术的应用打破了时间和空间的限制，减少发票流转过程中的等候、检查、核算等人工成本，系统自主支付的功能也可以减少给第三方的支付成本。信息数据实时动态监控、可随时获取、检索高效的特点又可以减少监督成本和审计成本，也有利于降低内控风险及加强规范管理。

3. 保证数据的可靠性、准确性及安全性

在区块链中，所有交易数据被详细记录和储存在“区块”上，盖上“时间戳”形成巨大的链条，横向上节点自动识别它的准确性，纵向上可对历史持续追溯和向未来无限延伸。简单举例来说，区块链电子发票信息连接了每一个发票关系人，可以追溯查证整个交易过程，商家开票信息同步至税务局和买方单位财务系统，多方共同记账保证了数据的可靠性。区块链技术的运用解决了发票流转过程中一票多报、虚报虚抵、真假难验等难题，错开发票、不合规发票将大大减少，保障了数据的有效性和准确性。同时，区块链技术下的数据以链式结构按序存储在区块中，形成去中心化的分布式数据存储模式，其防篡改、不可逆等特性保障了财务数据的安全性。

4. 数据多样化，数据分析智能化

大数据技术可以捕捉收集到更多的文本、图形、音频、视频等非结构性数据，提取销货方、合同条款、借款周期、经办人、项目负责人以及各方的信用状况等信息，通过专业化处理，对海量数据进行分布式挖掘，有利于深入分析数据的内在联系，满足用户全面化、个性化的需求，为决策提供依据。

5. 实现数据共享，加强高校部门协作

大数据环境下，财务管理系统内部的各个模块，如报销管理模块、项目管理模块、资产管理模块、工资管理模块、预算管理模块等，可与高校各部门系统实现在线数据交换、信息传递。在完善的身份识别系统和权限控制的基础上，实现数据共享，打破部门壁垒、提高部门间协同效率，消除信息孤岛现象。

（四）大数据与区块链背景下高校财务管理系统优化需注意的问题

随着高等教育制度、企事业单位会计制度的改革，科技化、信息化的高速发展，高校的内外部环境发生着丰富的变化，财务管理系统优化必将面临新的问题和挑战。因此在系统优化时需要注意以下三个方面的问题：

1. 需注意系统优化的前瞻性

从技术角度考虑，大数据和区块链技术在财务领域的应用尚未实现完全成熟，新生事物在循序渐进地为人们带来利好的同时，也必将会遇到各种新的问题；从成本角度考虑，系统升级需要耗费一定的建设、人工和时间成本，高校可以根据情况自行决定升级的程度，留下优化空间；从需求角度考虑，在不同时期不同阶段人们对于数据信息的需求是动态的。因此，系统优化过程中，需要从战略层面，制定具有前瞻性的规划。

2. 需加强数据信息的安全防护

在计算机日常应用过程中会时常遇到网络信息安全问题，给用户的隐私、财产造成严重的损害和损失。高校财务管理系统升级依赖互联网技术，互联网作为开放性平台，数据信息安全始终是一个不可规避的问题。在大数据和区块链技术背景下，未知的风险带来的损失很有可能是灾难性的，这就需要全面加强计算机网络安全防护。首先应构建大数据信息安全体系，将数据资源放在安全战略体系框架内。其次加大信息安全产品（如权限设置、加密系统）的投入，充分应用密码学前沿技术，对敏感数据进行加密保护。

3. 需培养财务管理领域的复合型人才

在传统的高校财务管理模式中，财务人员涉及的业务内容相对简单琐碎，其无论是在数据分析方面还是在信息技术方面均存在一定的“短板”。财务人员的基础性会计工作正在逐步被信息化系统所替代，而诸如判断性、综合性、前瞻性等相关分析决策工作是不能被替代的。在大数据和区块链技术环境下，财务人员的工作重点将逐步发生转移，因此引进和培养拥有信息技术专长的财务管理复合型人才显得尤为重要。

第三节　高校财务管理信息化建设的策略

一、新形势下高校财务管理信息化建设的思路

（一）建立财务管理信息化平台

建立财务管理信息化平台，能够有效提高财务管理能力，简化财务管理的流程。为高校师生及相关人员提供更加方便、快捷、准确的资料信息，建立高校财务管理信息平台是高校管理发展的必然趋势。利用统一格式标准的财务管理信息化平台，通过规范的接口，将各部门单位的信息系统集成起来，实现信息资源的共享和交换。每个部门单位系统日常还是独立运行，但

是可以很方便地向其他部门单位系统提取调用所需要的数据，打通了各部门单位之间的信息通道。

这样做的具体优势如下：第一，实现高校财务的集中管理和监督控制，提高财务资金的利用率，实现各个部门机构的实时监控，并实现财务信息的及时动态传递。第二，突破了时空的限制，实现了远程处理和信息的传递，财务管理从财务部门延伸到了业务的前端，自动采集员工提交申请的原始数据，为更加深化和细化的财务管理提供基础数据，使后面的财务审批流程更顺利执行。第三，可以实现网络报销，加快核算会计到管理会计的转变。高效的财务报销能使财务人员有更多的精力和时间进行财务分析和管理。第四，实现数据的分散收集，集中处理。建设财务管理信息化平台能明确部门责任，减少数据的重复处理，实现财务管理系统和高校信息系统的集成，保证信息过程和业务过程同步，保证数据收集、利用、汇报的实时性。第五，实现最大程度地满足信息获取者的不同要求。财务管理信息化平台不只提供会计报表，还能为高校内部的所有信息用户、外部信息用户提供不同要求的财务统计信息。通过自动生成数据的方式为信息用户提供信息，实现了规模效应，大大减少人力、物力的支出。

财务管理信息化平台实现了不同职能部门的数据共享，为学校的教学、科研、管理提供有力的支持。通过财务管理信息化平台，财务处、学生处、教务处、设备处、后勤公司等可以实现资源共享，各部门可以实时提取、处理、报告信息，各管理层人员可以动态获取所需要的信息，以便进行管理决策。

（二）选择个性化的财务软件

有些规模较小的高校，资金不充裕，自行研发实力不足，在财务管理方面没有明确的需求，可以通过购买适合自身学校发展需要的财务管理系统软件的方式建设财务管理信息化平台，购买软件后，高校用户自行完成硬件配置，根据学校的个性化发展在软件系统中加入和改进一些财务管理功能。从自身的财务管理出发，在会计信息系统的基础上建设财务管理信息系统，从实际工作的要求来说，所选用的高校财务管理软件要具有会计核算、预决算管理、成本效益控制、财务分析等功能，并且能够相互整合，能够快捷准确地获取数据信息，提高报表的准确性并做到相互印证和控制，财务软件还需有能通过接口与教务处、学生处、科技处等部门建立资源共享的功能，这样才能通过财务管理信息化平台形成资源共享，减轻工作人员工作量，提供准确、统一的数据。

（三）健全财务管理制度和财务流程

建立财务管理信息化平台后，整个财务的组织结构、岗位设置、管理模式、工作方式都要相应地改革，必须建立一套严格的、完善的、稳定的、标准的、规范的财务管理制度和财务流程。比如人事变动，通过财务管理信息平台，财务处的工资和绩效也相应地调整，如果没有一套完善的财务管理制度和规范的、标准的程序，各地部门输入的数据格式不统一，就不能实现信息传递和共享。

（四）具备财务管理信息化建设的指导思想

财务管理信息化建设没有统一的建设方法和标准，也不可能一蹴而就，是一个持续不断探索、改进、发展、完善的过程，将财务人员精通的财务管理理论知识与网络技术专业人员的信息技术相结合共同构建财务管理信息化系统，坚决摒弃以计算机技术为主的指导思想，强调把财务理论与计算机恰当地融合，才能正确指导财务管理信息化建设。另外，财务管理信息化建设是一个庞大的工程，建设工程要分主次，要分先后。首先要对工作量大，重复劳动多，见效快的模块和项目改革，如果这部分改革到位了，工作人员和管理层都认可了，再进行更深层次的改革。按照实际工作重要性原则，可以先实现财务核算、报表管理等模块改革，再实现薪酬核算、固定资产核算、存货核算、项目核算、销售核算等模块改革；在核算数据支撑的基础上，再实现全面预算管理；最后实现与其他信息系统融合，实现财务分析与财务决策等。

二、新形势下高校财务管理信息化建设建议与对策

（一）重视财务管理信息化建设

首先要认识到财务管理信息化建设是高校管理发展的重要组成部分，认清财务管理信息化建设的重要性、复杂性和综合性，根据自身学校的特点，创新改进现有的财务管理平台，提高财务管理的信息化和自动化水平。学校管理层要高度重视财务管理信息化建设，在经费投入方面给予足够的支持，不能存在认识上的偏差，认为投入很大、效果不好是浪费资源是错误的，财务管理信息化建设是一个持续完善的过程。建设财务管理信息化平台，既能够提高工作效率，又能够增强数据信息的准确性和有效性，也能够提高高校的竞争力。

（二）建立完善的财务管理信息化制度

为适应高校财务管理信息化的发展，传统的财务管理模式已不能满足财务信息化管理的需求，需要摒弃传统思想，强化创新意识，同时，在创新财务管理模式的过程中要引进网络技术手段，使得传统的财务管理模式能够顺利过渡到新的财务管理模式。为适应新的财务管理模式，高校管理层从自身的办学特色和要求出发，遵守国家统一的财经法规和财务管理制度，建立一套科学、合理的财务管理制度，财务信息化制度应该包括：岗位责任制度、信息技术管理制度、会计业务处理制度、软件和硬件维护制度、会计档案管理制度等上机操作管理制度。一套完善的保障制度才能确保财务管理信息化建设持续发展。

创新财务系统内部控制体系是创新财务管理模式的重要组成部分，财务

信息通过网络传递，财务电子化代替了传统的纸质介质，在流通过程中重要的纸质签字不存在了，如果缺乏内部监管，财务信息的准确性无法保障，会造成严重的财务混乱情况。为了保证财务数据等信息的可靠性，应建立完善的内部控制制度，减少由于道德风险、系统风险、病毒风险所造成的危害，用制度来确保财务信息服务系统的运行安全。具体可以如下：

加强财务人员相互监督，堵塞漏洞。在系统操作权限设置上，严格区分岗位，对不同岗位设置不同的职责，做到不相容职务相互分离，岗位间相互监督。系统要设置管理员、监控员、操作员，防止利用职位进行舞弊，岗位间相互不兼容，提高系统的安全可靠性。

建立内部控制规章制度，加强内部控制。高校财务管理信息化后，要根据财务管理信息系统的特性制定相应的内部控制制度，包括网络维护与管理制度、设备管理制度、上机操作制度、业务流程、权限控制等，科学规范的内部控制制度是财务管理信息化的安全之本。

加强人员诚信素质培养。专业人员设置了高校财务内部控制制度和计算机内部控制程序，一定程度上就存在风险的要素。为了防止舞弊，除了对财务人员进行技术培训外，还应加强对专业设计人员的诚信素质教育，加强监督和考核，制定严格的处罚制度。

（三）加强复合型财务人员队伍的建设

信息化建设是一项长期而艰巨的任务，财务管理工作充满了探索性，要实现财务管理信息化就必须建设一支高素质的财务人员队伍，财务人员要适应信息化发展，跟上时代的步伐，不断学习新知识，接受新思想、新方法、新思路。财务人员只精通会计理论和实际是不够的，高校需要培养复合型的财务管理专门人才，在实际财务岗位设置，设立专职信息化岗位，并建立健全的信息化管理制度，规范财务信息化工作程序，保障整个信息系统的正常运转。同时，为适应财务管理信息化的持续发展，定期进行财务工作人员专业化培训，掌握信息化的财务技能，加强高素质财会队伍建设，促进财务管理信息化进程的健康顺利发展。

（四）强化财务管理信息化的内部控制与监督

高校财务管理信息化后，财务管理模式、组织机构、岗位设置、业务流程等发生了改变，财务管理的内部控制的内容、范围、重点也发生改变。计算机和网络技术的引入给财务管理的控制和监督带来了新的挑战，高校要结合财务信息化的特殊性，严格遵守会计内部控制制度的要求，加强数字网络化控制、信息输出输入控制、网络连接控制等方面。在监督中，要加强财务部门内各个岗位的相互监督，及时堵塞漏洞，同时高校审计、纪检部门为适应财务信息化建设的需要，要建立新的审计规章制度，定期、不定期地对财务管理信息化、网络技术系统、会计信息系统内部控制等进行审计监督，查出信息化管理的薄弱环节，督促完善内部控制系统，审计部门应对财务管理信息系统进行全过程审计，监督到位，为建设财务管理信息化提供保障。

（五）强化财务信息化风险防范

高校应健全信息化运维保障机制，完善运维服务队伍，规范运维服务手段，梳理服务响应流程，提高信息化服务质量，实现信息化服务的常态化。财务管理信息化系统是一个网络开放的系统，处于开发的网络环境下，高校数据资料的重要性和流动性，需要有关人员要有安全保密意识，要严格防范网络病毒和信息的外泄等问题。高校风险防范包括外部和内部的风险防范，外部风险防范可以通过信息技术等方面进行防范。而内部风险防范可以通过建立健全制度约束机制、思想约束等方面进行防范。

社会要求每个人要有诚信，用道德规范社会成员的行为，这样一定程度约束了很多不法行为。对那些恶意威胁者，则可以用法律手段加以限制。同时，还可以采用物理手段，通过实物控制，限制其靠近资产，以防流失。在实际工作中，可以用法律手段防范风险，还可以用高校内部的制度规章来加以规范和控制，建立完善的内部控制制度防范风险。

建设财务管理信息化的安全环境，高校财务管理信息化不是单纯地运用财务软件的过程，而是利用信息技术进行整合，为高校发展和领导决策提供可靠的依据，也使高校资金发挥应有的效益。信息化后，高校财务管理工作不得不面临各种风险，作为财务工作人员，要不断增强风险意识，提高防范能力，这样才能使高校财务信息化管理更有效地发挥作用。

第七章
新形势下高校财务管理的优化策略

第一节　改良财务核算工作

《政府会计制度》的实施要求财务报表的数据准确性和真实性得到充分保证，高校应对财务核算工作流程进行完善，保证财务核算数据信息的质量，使财务报表充分起到对财务工作的概括作用。高校财务核算工作中，资产是一项重要问题，高校应结合实际完善固定资产的折旧标准以及无形资产的摊销标准，同时应建立资产数据库，做好关于资产的计算提取和摊销工作，强化资产管理效果。财务核算工作中应对资产科目进行细化处理，保证数据的真实可靠，便于后续工作的进行，使财务管理工作快速发展。

一、高校财务核算企业化模式设计

在有些高校现行投递式报账模式下，财务部门个别工作人员效率较低、态度消极。高校会计核算中心是在改革洪流中涌现出来的新生事物，是体制创新的一种尝试，是高校优化发展必要改革，从根本上改变人浮于事、尸位素餐、管理体制刻板的情况。

（一）高校会计核算中心模式

图 7–1 展示的是高校会计核算中心的职能架构图，基于该种核算模式设计的会计核算中心是一种会计组织形式，融合了服务、监督、核算三种职能。高校会计核算中心进行核算管理的前提是高校在特定的区域内，其核算单位的资金保证自主权、使用权和所有权不发生变动。不同于会计委派制和代理记账制，高校会计核算制度是一种财务与会计适当分离的实行单位报账的新型形式。在高校机关改革中发挥着重要作用。

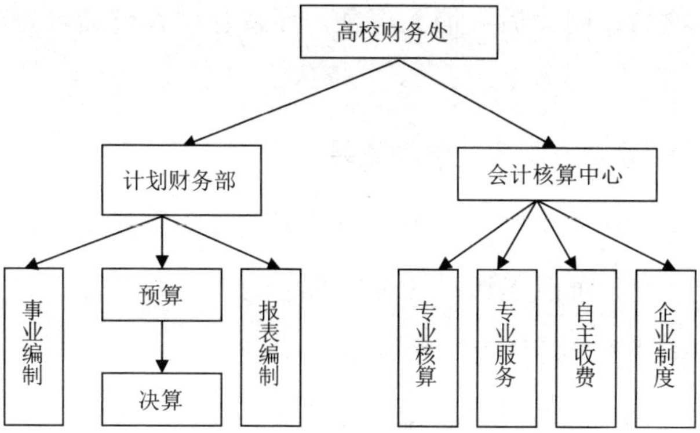

图 7–1　高校会计核算中心职能架构图

目前在管理高校财务绩效考核中，部分工作人员错误地认为绩效考核就是对财务人员工作能力的评价标准，与正确的理论严重相悖。事实上，绩效考核是在一段特定的时期，根据高校财务人员的工作分工，结合人力资源管理的标准，使用不同的科学合理的定量方法，评测管理人员的工作成果表现和综合素质及影响工作的因素与问题的过程。针对此现象，理好组织关系，解决组织存在秩序问题，并且要改变管理人员对反馈考核的态度，让他们清楚有效的反馈不仅可以促进绩效评估的优化，还可以促进高校的发展和未来目标的确定。

绩效考核的重点由绩效考核的具体目的决定，比如，核实奖励资格的时候，首先关注业绩水平，其次关注能力的考察；在工作晋升方面，注重职业品德与潜在能力，业绩是次要考察的；在调动考察时，注重职业能力、素质、与特殊技能方面。针对不同部门，依据具体职位分析，区分不同职位所需考核内容，设立反映管理人员管理水平的指标及对学校贡献的指标等，其应并重工作结果与工作过程，采用层次分析法确定评价指标的权重，设定不同的评估标准，准确评估工作人员成果。

合理评测高校财务核算人员的工作业绩和效率，确定内容和行业标准是关键，同样也是财务管理难点。绩效考核内容和指标建立应遵循科学性原则、全面性原则、可比性原则、易度量性原则。不应将考核流于形式，在花费大量人力、物力、财力后，悄无声息，导致管理人员绩效与所获待遇不成正比。

（二）会计核算中心制度的激励效果

成立高校会计核算中心，无论在加强学校财务核算方面，还是在提高会计人员的素质方面，都能起到明显的效果。

1. 有助于会计人员整体素质的提升

高校财务核算报账工作可计制单量、计分录数、计附件票据张数作为工作量化考核，高校核算报销管理中应采用考核与激励制度，不应使工作人员“一日十账”与“一日百账”得到的待遇差距不大。在高强度的工作压力下，不管绩效是否突出，最终的待遇相差不大，很容易产生拖拉现象，致使整体效率下降。通过企业化管理，高校可将不符合要求的核算工作人员淘汰，有助于会计人员整体素质的提高。

2. 有助于建立健全财务机构内部规章制度

制度是工作的保证，只有通过合理、完善的制度才能实现有效、规范的管理。高校会计核算中心作为企业化管理单位，需要通过建章立制，规范管理行为，以服务、监督和核算三者为整体，遵从“管理不越位、监督不缺位、服务要到位”的思想工作，制定《各岗位职责要求》《业务操作规程》《内部管理制度》《业务考核办法》《岗位竞聘办法》等制度，公开办事原则和程序，接受全校的监督和批判，建立全方位的内部控制体系，规范工作人员会计核算的行为和工作，做到真正的制度完善、管理规范、运作有序、监督有力。

3. 有助于强化职能责任和会计监督

在企业化管理会计核算条件下，高校应强化会计监督制度。会计监督不仅需要遵从国家的法律法规，还需要秉承学校的规章制度来对学校每项活动进行监督，同时要确保活动真实合法进行。核算人员责任不仅表现在事后的纠正与反馈，还要让会计的监督责任贯穿全过程。

（三）基于会计核算中心模式的运行优化建议

在高校会计核算中心模式下，应合理界定并明确会计核算中心与学校、部门之间的责权关系。

1. 处理好学校、学院与会计核算中心的责任关系

会计核算中心在高校内部实行企业化管理，与学校是一种会计核算的委托关系。会计核算中心为学校提供会计服务，学校支付一定的服务费用来帮助维持中心的发展，形成了一种契约关系，由财务处代表学校与会计核算中心签订工作协议。成立会计核算中心是财务内部机构改革的一种尝试，没有改变学校的主体地位，单位负责人对学校会计工作及会计资料的真实性、完整性负责，严格遵循相关法律法规规定，会计核算中心实施会计监督，做好会计工作。会计核算中心监督的主要内容如下：原始单据的真实合法性，报账内容是否符合国家财经制度，所从事的经济类活动是否违背相关的法律法规。但会计核算中心无法面面俱到，必须由学院（项目）单位负责一级审核工作，会计信息的加工、整理、总结等工作由会计核算中心负责完成，会计资料的合法、完整与否由核算中心的负责人承担责任。会计核算中心与学校间形成以经济利益为基础的契约，明确各自承担的责任，有助于事业的共同发展。

2. 明确会计核算中心与高校财务部直属科室间的权限关系

会计核算中心与校财务部直属科室间关系复杂，需要谨慎处理。会计核算中心是建立在财务部领导及管理基础上，为高校一级核算机构，保证为学校提供优质、全面会计核算监督与服务。会计核算中心侧重于支出管理，体现服务职能；直属科室侧重收入管理，承担管理职能，分工更细化、更明确。但从实践角度来看，会计核算中心与财务部直属科室间的财务管理权限关系尚不够明确，工作内容存在交叉。实际工作中易出现责任主体不清，发

生问题后互相推诿的情况，这需要多方努力设法解决。

3. 正确处理监督与服务的职能关系

高校会计核算中心与各学院（项目）核算单位的工作协调中，应着重把握服务与监督两者间的关系，实现监督和服务共同作用。然而，就各单位如何保持管理权、财务自主权、资金所有权，以及下放财务权后，高校要如何去履行监督权等问题，还需进行深入研究。会计核算中心需要在监督各单位部门是否在国家和学校经济政策允许的范围内实施“自主决策”，用款计划是否真实合理，安排资金、监督是否按单位预算等方面量化度量。在此前提下，做好服务工作，处理与各学院（项目）单位关系。既要做到会计监督，也要做好服务工作，让会计人员能遵守会计职业准则，为学校和学院服务。

作为高校财务内部体制改革和机制创新的新型组织形式，会计核算中心对加强内部管理、提高工作效率、改善服务水平等方面发挥着积极作用。充分认识高校会计核算中心的地位、作用，才能建立起一支高素质的财会队伍，为学校管好财、理好财，把财会工作推上一个新台阶，为高校的改革和发展提供基础保障。

二、完善高校财务报告体系

（一）实行新型综合财务报告模式

高校应按照《政府会计制度》要求编制“双报告”，解决当前高校财务报告目标不明确的问题。财务会计报告和预算会计报告相结合的新型综合财务报告模式，既实现了“双功能、双基础、双报告”的会计制度改革目标，也为高校防范财务风险，加强运营管理等提供了数据支持。“双报告”模式下，既能满足不同财务报告使用者的需求，也能为他们提供更加全面、准确、科学、直观的会计信息。“双报告”模式将有效提升高校财务报告公开水平，弥补高等学校会计制度下财务报告的不足，更加全面真实地反映高校运转情况，也为未来推行高校全成本核算管理奠定了基础。

（二）完善财务报告内涵分析

高校应当以财务报表和辅助资料为依据，结合不同报表使用者需求，对财务报告进行针对性的内涵分析。通过采用专门的统计分析方法，分析和评价高校过去一段时间的运营成果、财务状况、战略规划等，为报告使用者提供有针对性的信息。

内涵分析对会计信息提出了更详细的要求，需要按照利益相关者需求类别尽可能细化，增强数据的可用性。实务中可以用项目与科目相结合的二维核算方法，将项目的各项收支细化到明细科目中，反映该项目在运行过程中投入、产出状况。不同的报告使用者需求不同，高校内部管理层获取相关财务报告信息可用于制订计划、作出战略、资源分配决策和控制；高校教职员工通过财务信息获取学校在人才培养、科学研究、工资薪金等方面的投入以及学校的发展愿景；社会公众关注高校公共资源如何分配使用、是否存在舞弊等行为；学生及其家长需要了解高校教学条件、培养成效等；税务部门需要获取学校各项涉税的经济活动信息等；债权人利用财务报告分析高校的偿债能力、财务风险等；投资人需要根据高校的发展潜力、经济效益等作出投资决策；主管部门则注重考察高校在过去一段时间内的财务状况与事业成果，以及公共资金使用是否实现价值最大化等方面。

（三）增加绩效评价体系

绩效评价是指高等学校根据设定的绩效目标，运用完善的管理制度和系统的工具方法，对一定时期内学校运行效率与效果进行综合评判的管理活动。绩效评价是实施激励管理的重要依据。建立科学的高校财务报告绩效评价指标体系将有助于加强对学校的精细化管理，推动高校向更高层次发展。

绩效评价报告体系对高校的运行和管理水平提供了一个量化的综合评价方法，可以运用平衡计分卡理论构建高校财务报告绩效评价指标体系，包含财务、内部流程、利益相关者、学习与成长四个维度。这四个维度紧密相连，相互作用。指标体系见表 7–1。

表 7–1　绩效评价报告体系

目标层	维度层	关键指标层
高校财务分析绩效评价指标体系	财务维度	资金到位率
		预算执行率
		资金自筹率
		资金违规使用率
		资产负债率
		流动比率
		收入费用率
		总资产增长率
		资产权益比率
	内部流程维度	师生比
		专业建设投入增长率
		生均教学仪器设备
		人均科研经费
		仪器设备利用率
		科研收入增长率
		知识产权完成情况
		技术指标完成情况
		平台建设完成情况
		节能减排指标完成情况
		财务监督有效性
	利益相关者维度	毕业生就业率增长率
		教学科研成果转化率
		项目带来的经济效益
		用人单位的满意度
	学习与成长维度	高层次人才增加率
		国际交流与合作次数
		举办研讨会次数
		项目团队人员构成优化程度
		培养高层次学生数量

通过建立绩效评价指标体系，将定量指标与定性指标结合，将日常管理与战略管理融合，能构建一套科学完整的财务报告体系。绩效评价指标可以为财务报告使用者提供多方面的信息支持，既有利于使用者全面了解学校情况，也有利于资源的优化配置及整合。

（四）整合共享数据平台，增强报告披露的及时性

高校财务报告披露缺乏时效性，会导致财务报告使用者不能及时地获取有用信息，无法作出正确评价及决策。当前高校财务管理信息化建设正如火如荼地开展，可以依托信息化手段构建一个以财务数据为核心，集成人事、教务、科研、学工、后勤、资产、一卡通等数据信息的一体化共享平台，打通各相关系统端口，如资产管理系统、科研经费管理系统、教务系统、耗材采购系统、一卡通系统、公寓管理系统等，实现高效的互联互通和信息共享。整合共享数据平台，及时、精准、有效地反映教育事业及科研事业活动的有关成果信息，提高信息获取的及时性，最终服务于财务报告体系，如图 7–2 所示。

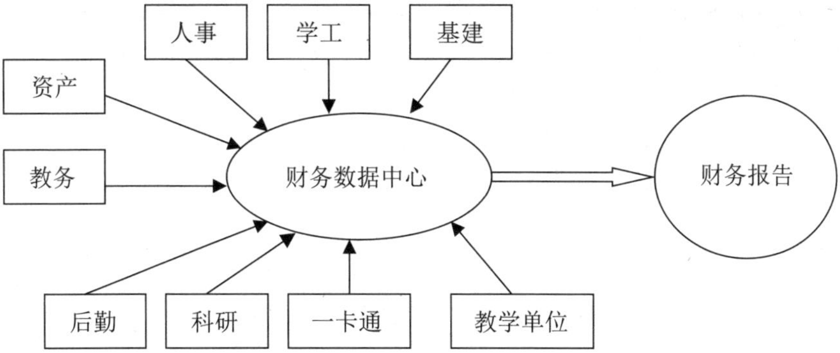

图 7–2　共享数据平台构建图

（五）提高报告信息的可读性

高校财务报告应包含管理层声明、重要信息摘编、第三方审计、内部控制与风险管理、治理结构、财务政策陈述等诸多方面的重要信息，同时应当体现当年财务数据与上一年度相比的变化及原因，保证数据的相关性，确保数据之间的勾稽关系准确。在附注中可以披露非财务信息，如招生就业、人

才培养、平台建设、学术交流、人事师资等，并对学校当年发生的重要或者特殊项目深入解析，避免对所有事项的简单罗列。此外，还可以根据使用者需求，在附注中增加学校的投资情况表、学生收费情况表、捐赠情况表等辅助报表，以此提高财务信息披露的完整性。财务报告内容的表达形式要多样化，采用文字、表格、图形等多种形式方便报告使用者获取信息，增强报告的易读性。还需要不断加深财务信息公开的程度，拓宽报告范围，达到财务报告内容与形式有效统一，以不断满足信息使用者的需求和社会公众的诉求和关注度。

三、财务核算报销优化

（一）各类财务报销规范化处理规则

进入新时代，加强对事业单位的审计，提高内控管理，对财务规范要求越来越高，学校领导对财务报销把关、规范的重视不断加强。

1. 财务报销基本要求

（1）报销原始凭证规范

为证明经济性业务发生的事实，单位往往会填制原始凭证，因单位组织的经济活动形式不同，原始凭证主要分为以下几种：

收据。从机关事业性单位、其他非营利性机构，取得的“非税收入通用票据”“资金往来结算票据”等，必须盖有财政部门监制章。

发票。从企业、其他营利性机构获得的发票，应盖有税务部门监制章。

差旅费报销使用“差旅费报销单”，将出差发生的交通费、住宿费等内容填写齐全，相关原始单据、会议（培训）通知和出差审批表附后，如果是培训，需要附培训总结。

要完整地填写原始票据基本内容，并且加盖专用章；要以事实为根据完整地填写经济业务全部内容，是购买实物、商品的，有必要将产品名称、数量、规格、型号、单价及总价写清楚。

原始凭证记载的各项内容均不可以涂改，一旦出现纰漏，那么开出单位予以更正或重新开具，更正的地方，要盖上开出单位的专用章。大小写金额要确保正确，不能涂改。未能完整地填写项目、内容失真、字迹模糊、未加盖发票或财务专用章、作废、伪造及另外一些与财务、税务机构相关标准不符的发票，都拒绝报销。

（2）报销凭证整理要求

原始凭证粘贴。费用发生后，各部门报账员负责将本部门的原始凭证收齐，并根据原始凭证要求认真审核原始凭证，按照规定分类整理粘贴（现金支付一类，公务卡支付一类，国库集中支付一类，支票付款一类，电汇支付一类）。粘贴凭证一定要平整，按照金额大小分别整齐地呈鱼鳞状粘贴在“单据粘贴单”上。

支出整理单填制。将整理好的原始凭证粘贴单，按顺序填入支出整理单上，时间为填写时的日期，摘要、金额要与原始凭证记录一致，经费部门、预算科目要与院校内部预算文件一致。附件张数计算以自然张数为准，若多张差旅费整理在一起，整理单上的附件张数，以一次为一张。

经费支出整理单签批顺序：填制人→经费部门负责人→分管校长→财务审核人→财务部长→分管财务校长→财务报销。事前经审批的事项，报销单内容和金额与申请一致的，可将申请作为附件一起整理，发票不必重复签字。

（3）报销业务管理要求

部门报账员为唯一报销结算经办人，其他人员原则上不得办理报销业务，报账员要保持稳定，不得随意更换，若确需更换，应由经费责任单位出具书面说明并到财务处备案。遇特殊情况，报账员可临时指定代办人员。因财务制度较为复杂，财务部将定期组织部门报账员培训。

经费报销按照经费管理口径进行，经费部门、预算科目为必填项目，且须与年度预算文件一致，不填或填写不一致的不予报销。

按规定使用公务卡结算，对一般性的会议、差旅、培训等业务，原则上不再提供借款。确实不能用公务卡结算的，需提前办理现金或转账结算申请。

（4）其他报销规定

同一笔采购业务在同一商家采购时，不得人为分解开具票据。

有签订合同的项目，严格按照合同规定的付款进度进行结算。

开展经济活动的部门和经办人要依法取得真实、合法、有效的票据，杜绝弄虚作假、虚报冒领等事项发生。原则上当年发票应在当年内结算。

部门负责人对本部门经济活动负责，应加强预算及报销结算管理，严格按照财经制度规范部门各项经济活动。

2. 财务报销分类概述

一般高校财务经费报销主要包含六类业务：日常报销业务、差旅费业务、酬金申报、暂借款业务、工程修缮、资产购置。

日常报销业务：办公费、物业管理费、维修费、交通费、学生活动费等。

差旅费业务：因为公务出差产生的住宿费和城市交通费等、因公出国（境）经费、探亲差旅费等。

酬金申报：专家咨询费、学生奖助学金、校外人员劳务费等。

暂借款业务：无法预先取得发票的支付业务，包括支付水电费、培训费等暂借款。

工程修缮：自建建筑物、工程改造、房屋建筑物维修费等。

资产购置：固定资产购置、图书购置等。

3. 各类报销规范内容

（1）日常报销业务规范

办公费报销规范。购买办公用品等物品，品名务必写明，采购商品较多的，可将同类商品金额总数写在发票上，并出具盖有收款单位印章的商品明细清单，清单的总金额必须与发票金额相符。采购物品需要办理出入库及领用手续，直接领用而不需要入库的，除按报销手续签字外，还必须有采购人、验收人和领用人签字，并登记物品领用登记簿，以便校纪检部门监察和审计部门审计。

会议费报销规范。高等院校主办的各项会议，应当在批准的预算限额内进行报销，同时需附会议明细。会议费开支有年度预算，会议费用按照综合定额标准，受邀专家差旅费、参会专家咨询费、讲课费、劳务费不计入综合定额，在预算范围内据实报销。会议费报销应一次性集中办理，每次会议后结算清楚，每个机构主管要负责其真实性。

培训费报销规范。各学院举办培训班的，应当提前做好年度培训预算和计划，具体内容包括培训的内容、人数、所需经费金额等，经相关部门批准。培训费采用的标准是综合定额，依据综合定额的原则进行，报销培训费时需提供培训通知等相关文件。

公务接待费报销规范。国内公务接待报销采用的是一事一结标准。报销公务接待费的，需附单位公函，公务接待审批单、公务接待清单、消费明细。严格区分专项工作业务费和公务接待费，公务活动发生的接待费归入公务接待费；教学、科研等发生的餐费作为业务费处理。学校接待费用需要经过学校党委负责人签字，各个职能部门的接待费用要经过该部门负责人进行签字，学校层次的接待费用通过校长进行签字。原则上，公务接待应该是在学校内部宾馆和餐厅进行。

（2）差旅费业务报销规范

国内差旅费报销规范实行公务出差审批制度。出差必须事先经过批准，按要求填写《公务出差审批单》，从严控制出差人数和天数。市内交通费以实际出差天数为准，每人每日定额管理。出差人员外出参加会议、培训、进修，不实行市内交通费定额包干的方法，只报销发生在报到、返程路途中自然天数的包干市内交通费。

住宿费限额标准参照差旅住宿费标准的相关规定。

伙食补助费按实际出差天数计算，定额管理。其外出参加会议、培训、进修且缴纳会议费、培训费、进修费的，不给予伙食补助费，只报销发生在报到、返程路途中自然天数的伙食补助费。

出差人员结束出差后，要尽快进行报销。报销差旅费时，应提供的凭证有审批表、交通票据、住宿票据、邀请函或通知等，并填写“差旅费报销封面”和“出差补助费报销表”。按规定，宿费、交通费等结算时使用公务卡。

因公出国（境）经费的报销。教职工，出现因为公务出国，应该按照审核制度执行，通过各级领导进行审核，并标明相关预算。

探亲差旅费报销规范。未婚教职工探亲，可依据要求，报销差旅费。

（3）酬金申报业务规范

校内人员如果需要当月到账，需在规定日期前，把有关材料送到财务处。

学生勤工助学费，每月由学生工作处统一汇总申报，必须提供本人银行卡号，银行卡号和姓名须准确无误。

校外人员或学院外部人员第一次申报酬金时，应该在学院信息体系中填报相关信息。财务相关负责人在 3 天内进行评审，通过后，才能填报劳务费等信息。

（4）暂借款与冲销业务规范

一般支付业务应先取得发票再申请支出报销。因特殊业务如购置设备、交水电费等业务无法事先取得发票的，可申请办理暂借款业务。借款人必须是我校正式职工。实行“前款不清，新款不借”制度。借款期限一般不得超过一个月，超过期限不还者，学校将采取暂停借款人各项报销业务或工资扣款等措施。特殊原因需要延长还款期，须填写延期归还借款申请，延期一般最长为一个月。办理冲销暂借款业务时应准确填写报销基本信息，将借款一次性全部冲销完毕。教职工离校前，须结清所有借款和欠费。

（5）工程修缮业务规范

校内工程的立项、施工、竣工结算等应符合国家及学校相关政策要求。工程修缮类支出须提供相关付款申请表，经学校基本建设处负责人审核后方可报销。支付工程修缮类款项时，须严格按照合同条款约定的付款金额和进度付款，不得超额付款，也不得跨进度提前付款。支付工程首付款时，须提供施工合同，依据合同约定的比例及金额申请支付。按合同或任务书规定应扣质保金的，则需对方单位全额提供发票并将质保金扣除后付款。质保期满时，由使用单位出具无质量问题的证明，由单位负责人和经办人签批后支付质保金。

（6）固定资产购置业务规范

购买的设备、物品，属于固定资产的，需持发票、验收证明、购货合同等办理报销，并办理固定资产入账手续。所有购置图书的发票，都要办理固定资产入账手续，确认入账后，方可办理报销手续。所有固定资产项目的报销，在会计审核前，填写验收入库单并经资产管理部门负责人签字后方可办理结算手续。

4. 公务卡结算规范

就我国而言，采用公务卡制应当建立在国库集中收付制度的基础之上，重点使用范围是财政预算之内的有关部门，且在执行财务收支结算制时，其载体中的一项是公务卡。高校刚好符合上述标准，故可以遵循原则采用公务卡制度。

对一般性的会议、差旅、培训等业务，原则上不再提供借款。发生此类公务支出时，须先利用公务卡结算，再依据公务卡交易凭条（POS 机小票）

和收据、发票等报销凭证办理报销手续。

公务卡结算不改变高校现行财务管理制度和报销基本程序，刷卡结算同样需履行高校相关财务管理制度。不超过 2 万元的少量修缮、购买物品及服务等费用可刷卡结算，亦可采用对公转账。

交易凭条（POS 单）若不小心弄丢，本人一定要将详细的公务卡账单提供给财务处，同时作出书面说明，写明公务卡号、交易地点、时间、金额，财务处经查证再进行报销的办理，并将该详细账单及说明当作凭证附件。

用公务卡消费后，持卡人要用最短的时间进行财务报销手续的办理，最迟办理时间是免息还款日之前的七个工作日。因个人没有及时报销或与学校规定的报销标准不符导致产生滞纳金、罚息等有关费用，由持卡人自付。

报销人在网上购物、网上订票等无法取得刷卡凭证的，可打印公务卡网上银行支付明细并标出相关信息，当作刷卡凭证，在报销该笔业务时，将其和发票共同提交财务部进行审核。

完成报销还款手续后，如果出现退货行为，使已报销款项退至公务卡的，则持卡人要尽快将其退还给财务处，再经财务处返至零余额账户。

出现下列任何一种公务卡消费情况的，持卡人自己要担负所发生的费用，学院财务拒绝报销：第一，个人消费使用公务卡的；第二，报销发票不符合公务卡消费交易凭证的；第三，持卡人过度支取现金发生的利息、手续费等；第四，因持卡人本身导致超出公务卡免息期进行的报销还款，发生的滞纳金和透支利息等；第五，因持卡人自身没有履行保管职责，致使公务卡遭到盗刷发生的损失和费用；第六，其他与财务管理标准及要求不符或超出的消费。

（二）基于 ECRSI 原则的财务报销流程优化

财务报销窗口为所有教师员工提供服务，其工作效率和服务质量的高低，直接或间接地反映在日常报销审核中，改革报销流程势在必行。

1. 财务报销流程优化的目标和原则

优化流程，是以提升效率、提高工作质量、减少成本等为目的。对设计优化方案的目标和原则作出明确，是提出科学合理的解决办法的基本前提。

（1）设计优化方案的目标

提高报销工作效率和报账人员满意度是设计优化方案首要目标。实现这个目标，重点要解决好报销排队时间过长、报销工作效率低下等问题。完善学校内部控制建设，着眼优化财务报销流程，运用网上预约排队、电子支付等方法手段，提升对财务报销工作的控制力。抓好财务工作者的业务学习，提升财务工作者能力素质，提高财务服务效率，节约师生机会成本，提升师生满意度，打造和谐校园环境。

（2）设计优化方案的原则

坚持以下三条原则：

坚持 ECRSI 原则。ECRSI 即对工作流程进行削减、合并、调整、简化、增加等，从而作出优化，实现资源利用率的提升、工作效率的提高。财务大厅的改进方案设计，就是要按照 ECRSI 原则，最大限度削减不必要项目、消除浪费，最大程度简化业务办理流程，简化业务操作程序，切实提高工作效率和服务质量。

坚持经济性原则。最大可能降低成本，这也是工业工程管理的目标，就是要以最少的投入实现最大的产出，充分发挥有限资源的使用效率，从而实现杜绝浪费、节约资源的目标。要运用经济性原则对财务大厅进行优化，着重优化业务工作流程、改善工作现场管理，把所有资源、力量都调动起来合力进行改进，从而实现资源使用效率的最大化。

坚持持续改进原则。持续改善是现场管理的核心要求，只有持续不断地改进完善，不断地适应发展的新的实际，才能更好地满足工作需求，实现不断进步。财务大厅的工作就是要持续不断地进行改进完善，要结合财务大厅工作中不断出现的新情况、新问题，深入研究、跟进研究、持续改进，最终实现工作效率的提升，实现工作人员、报账人员双满意。

2. 财务报销流程优化分析

（1）增加网上预约报销机制

在信息技术的帮助下，高校可运用网络平台，建立网上预约系统，设立网上预约报销的业务。申请报账的人可以通过互联网预约报销，将涉及的信息填写好，报账资料准备齐全，再按照预约时间到财务大厅办理报销业务。有利于合理安排办理时间，业务量失衡问题也能得到解决。预约机制能照顾报销人员的空闲时间，摆脱长时间排队。财务报销预约机制设计中，需要针对报销审核时间进行控制，因为审核时间的长短直接影响到下一个甚至后续多个报销人员的时间安排，因此必须要考虑如何计算每个人报销时间，才能整体控制。如果报销单据很多，就需要单约，这样才能够减少报销人员的排队等待时间，节约时间成本。例如，约一个号所包含的原始票据不得超过 50 张。财务预约机制设计需要从全局考虑，考虑原始单据的粘贴、票据的填制以及审批程序，要从整体上节约报销时间，而不只是简单地减少等待时间。

（2）运用 ECRSI 原则优化

某高校财务报销流程在优化作业步骤时，要依照 ECRSI 原则，这一手段能够有效地优化作业步骤。采用提问方式，从削减、合并、调整、简化和增加五个角度开始，寻找流程优化关键点。

问：必须严格走完全部报账流程吗？

答：通常情况下，这些报账流程是必须要有的。但是，如果财务大厅等候报账人员较少，这时有空闲窗口的话，师生们可不必取号，直接到窗口办理业务。报销单据审核后，不一定要进行登记，可以在报账前填写公务卡报账明细表（见表 7–2），报销单据审核后，直接交给结算人员结算。

表 7–2　公务卡报账明细表

序号	卡号	消费日期	姓名	消费金额	补助金额
1					
2					
3					
4					

问：报账材料的初期审查必须在报账大厅进行吗？

答：不一定，财务大厅进行的是最后审核。假如报账师生到此处报账前完成了初步审查，大体上报账资料是合格的，那么财务工作者的工作压力就减少了，报账时间也能缩短。

问：有必要使用现金结算吗？

答：不一定，现金结算浪费时间，直接转账就可以。

凭借上面提问及前一章的研究，依照 ECRSI 原则来优化财务大厅业务流程。优化时，“削减”标准是最先要注重的，接下来关注“调整”“合并”“增加”及“简化”等准则。通过分析可知优化的方式如下：

经过调整，在准备的环节里初步审核报账材料。准备报账材料期间包含如下步骤：原始单据的准备、差旅费报销单或报账审批单的领取、将内容填写完整、需有关负责人签字等。如果尚未到财务大厅报账，申请人已经将报账材料认真、全面地准备完善，避免了有纰漏以及不合规问题出现，那么财务工作者的负担会减少很多，业务办理时间缩短，能够服务更多的报账申请人。

简化报销机制及流程，理顺一切报销工作及其程序，以内容为标准，划分成一般内容还有特殊内容两类，以流程为标准，划分为一般程序及特殊程序，规范报销表格，分类设计，将要求列在表格下方，确保在准备材料环节减少出错。对有关流程和机制加以明确，使多数经济业务具有更为简洁的内容和程序，更易操作，可预见性提升，减少排队等待问题。举例来说，依据预算，给一般内容进行基本分类，由此确保支出按照预算要求加以掌控。

将登记报账信息取消，在报账之前填写公务卡报账明细表，同时节约报账人员和工作人员的时间。

取消现金结算。减少等待现金结算的时间，提升工作效率，降低现金交易的风险。也具有一定程度地避免公务消费这种不良现象的特点，积极发挥作用，防腐反腐，节约行政成本，简化报销程序。

第二节　清查固定资产

固定资产在高校总资产中占有较大的比例，财务管理部门应积极对固定资产进行有效管理和高效利用，对固定资产进行全面清查管理，细分资产类别，建立固定资产信息系统，使高校固定资产得到有效的管理。在固定资产的计算提取和摊销工作中应结合《政府会计制度》建立有效的工作流程规范，结合实际情况对固定资产的类别进行划分，便于资产的管理。

一、构建有效资产清查机制

（一）成立校院二级资产清查小组

高校应按照“统一政策、统一方法、统一步骤、统一要求和分级实施”的原则，成立资产清查工作领导小组，下设资产清查常务办公室，可以挂靠（校办、财务处）。

1. 构建三级资产清查责任体系，确保资产管理落实到位

高校国有固定资产管理的第一级部署主体在学校，第二级执行主体在二级院系，第三级落实主体在院内系室。正向管理便于使用，盘点清查促进管理，清查责任体系的建立能够确保资产管理落实到位。作为牵头部门，学校

国有资产管理处负责统筹协调学校资产清查工作，对第二级执行主体清查工作部署指导监督。

二级院系作为执行主体，专设资产清查小组，对接管理小组，掌握所辖国有固定资产全部信息，梳理清查程序，明任务、知节点、查问题、管整改；清查工作任务逐一分解，确定落实主体系室，对应问题联系人，动员落实主体（带头人、领用人），全面推进资产清查执行工作。第三级落实主体包括三级单位（中心实验室和相关系室）和资产领用人，由中心实验室负责人主导落实，主要负责清查任务再分解以及无头账资产追查；相关系室协调落实，对中心实验室再分解的任务责任到人，压实资产领用人责任意识，对资产领用人执行的清查结果监督统一；资产领用人明确领用资产信息，清查账务关系，完善资产管理系统资产登记。

2. 合理利用固定资产管理系统，夯实资产清查工作基础

二级院系在具体执行资产清查工作时，主要依靠前期秩序井然的管理基础，若管理模式一盘散沙，固定资产管理系统信息势必混乱，编号、型号、规格、价格、出厂信息、存放地点等繁杂资产信息统计的不完整、不规范，一方面降低资产管理员管理效率，另一方面限制资产领用人对其领用管理资产信息的掌握，基础工作不到位，会严重拖延资产清查工作的进度和力度。因此，掌握固定资产管理系统内在规律，合理利用系统，动一变一，管辖资产一旦变动，系统在 24 小时内随即变更，保障资产管理账物相符、真实准确，为资产清查工作顺利开展夯实基础。

3. 明确资产领用人主体责任，强化源头管理

在资产清查责任体系中，第三级落实主体主要是三级单位（中心实验室和相关系室）和资产领用人，资产领用人是直接接触和管理资产的责任主体，处于资产管理与资产清查的源头，要确认好主体、明确好义务、定位好责任，强化资产管理与清查工作的源头主体责任，能够减少过程管理难

度。资产领用人一般是兼职管理人员，本身承担教学与科研任务，往往对自身教学科研所需资产倾注较多，但对领用的公共资产不甚了解，即使二级院系配备学生管理员助管，但在实际管理上资产领用人与学生助管之间存在沟通少、管理经验缺乏的短板，且资产领用人对资产管理与清查的工作一知半解，有时责任意识与工作意识不匹配，想做好却无从下手，不能深度融入资产管理与清查工作。因此，高校应做好资产领用人关于资产管理与清查的培训，从个别培训到普及培训，从规章制度培训到工作流程培训，强化源头管理，适度缓解过程管理压力。

（二）构建固定资产定期清查机制

高校每年应该至少清查一次固定资产，然而在实际情况中，由于高校大都规模庞大、工作复杂，要实现完全的资产清查工作需要耗费巨大的人力物力，为了应对资产的定期清查，高校应明确以责定权，为资产清查进行分工。资产清查小组负责统筹，发布资产清查方案，规定资产清查时限；固定资产所属单位对其占有的固定资产进行清查，并粘贴条形码等专属标识，将系统和档案里的固定资产身份一一对应，对于固定资产标识缺失、损坏、实际价值与账面价值不符等情况，用相关的数据表、盘盈盘亏登记表记录在案，并统一发送至资产与实验室管理处；资产与实验室管理处负责数据的统一反馈，高校应定期实施此种清查模式，以保证资产清查的及时性与有效性。

（三）运用信息技术促进固定资产清查

高校应重视信息技术在固定资产清查中的应用，并使之与人力抽查相结合。高校财务部门应通过系统将数据发送至职能部门，职能部门根据财务数据核对资产管理数据，核对完后再发送至固定资产使用或占用的具体部门，具体部门核查之后上交纸质版和电子版的核查材料，统一汇总发送至高校财务部。财务部整理后再以此下至各单位进行实地检验。通过信息系统的互联互通，降低协调沟通成本，极大地促进资产清查的效率。信息技术的使用中还需要全面清查和定点抽查方式相结合。高校应根据自身实际情况，要求各二级单位进行全面抽查。各二级单位应按学校发放的账及各种登记表，并依据资产管理平台中的数据进行自查，不留死角。而资产与实验室管理处会同审计检查部门，对各二级单位进行定点抽查，形成抽查工作总结报告、报表，附相关证明材料、其他需提供的备查材料，对抽查不合格的二级单位，要求其重新进行自查。

（四）准确界定固定资产折旧计提范围

高校固定资产中，只有正在使用中的需要进行计提折旧。高校财务部门对于文物和陈列品、图书和以名义金额计量的几类特殊的固定资产，在全校彻底资产清查的基础上，需要做专门的会计账簿，资产与实验室管理处对此应建立专门的资产账，并在监察处备案，进行监督。

对于文物和陈列品，所属单位应在进行全面资产核查后，做好记录上报至学校资产与实验室管理处；而尚未确定资产价值的文物和陈列品，高校应成立文物和陈列品鉴定小组，由资产与实验室管理处、资产使用者、社科处、科技处、房产处、审计处、监察处等部门组成，对于鉴定无误的文物资产，由鉴定小组成员在鉴定表上签字报送学校后生效；对于不能鉴定的文物与陈列品，聘请校外专业人员进行鉴定，并报请上级主管部门审批，同意之后记录在账。对于高校中历史悠久、具有保护价值的住房，高校也参照文物及陈列品的做法，对此类建筑物的属性进行甄别，资产与实验室管理处对这类资产作出专门标记，要时刻监督标识是否依然完整有效。在账簿上要专门针对这类固定资产列出专门科目，和其他资产区分开来。

二、制定科学折旧计提操作方案

（一）按相关会计制度要求推进固定资产重分类

以往高校参照的是财政部和教育部两套不同的固定资产分类标准，采取的虚提折旧，只要冲抵总的固定资产基金即可，并且是一次冲销，所以哪怕是两套标准，也不会产生影响。《政府会计制度》资产分类遵循以固定资产基本属性分类为主，兼顾高等学校固定资产管理需要为辅的原则。按照固定资产的基本属性进行分类是应遵循的首要原则。与此同时，固定资产管理与高等学校类型相关，具有行业性和专业性差异的特点，高校需将资产管理系统类的标准与《政府会计制度》的要求对应。

在教育部固定资产类别中的文物及陈列品、图书依旧保留了其独立大类的身份，并将标本模型并入了文物及陈列品类，这与其固定资产的基本属性有关，更符合对此类资产的不提折旧的会计要求，因为此类资产不会随着时间变动而价值降低，甚至部分资产会随时间变动而升值。仪器仪表等六大类则被合并进入了通用设备与专用设备两大类中，这两大类为此次固定资产折旧的主力军，通过合并既优化了资产分类要求，也有利于对资产折旧的统一操作性要求，对整个资产折旧衔接提供便利性。

（二）科学确定固定资产折旧基数

不同的固定资产由于存在取得方式、增值税进项税抵扣与否的不同，它们的折旧基数往往是不同的；相同的固定资产由于使用方式的不同其折旧基数也不尽相同。这里我们说的要确定固定资产的折旧基数，包括两个方面：其一是原有固定资产的折旧基数要重新核算，其二是新入账的固定资产的折旧基数要进行核算。

对于新购入的固定资产，其原值计提折旧按其成本核算，包括买价、税费、运输储存费、安装费等。对于固定资产中的几项事项，没有明确标价的，按照市场上相似的资产进行标价，在固定资产的总价之中进行分摊入账核算；对于自主建造的固定资产，其核算折旧基数包括从建设开始到结束后的所有必需费用；改造或修缮原有固定资产的，其核算基数的计算方式为原有固定资产原值加上改造和修缮的价值，最后再减去由于改造修缮而损耗的部分原固定资产的价值；对于融资租赁过程中产生的固定资产，其核算基数为租赁合同上规定的数额加上使用前的运输安装等必要费用；对于受捐赠的固定资产，则以当时交易凭证上的数额来确定入账成本，如若没有交易凭证则参考市场上相同或相似的固定资产来确定价值，同样加上其他相关的必要费用；如既没有交易凭证，市场上又没有相关类似固定资产，则把该固定资产以名义金额的方式进行入账。在这类特殊情况中，高校应该特别强调核定的合理性与验收环节的谨慎性。

对于大宗同类固定资产，高校财务处、资产管理部门与监察部门应采取抽样的方式进行验收，核算其折旧基数；对于高精尖的固定资产，高校应采取专项核算，得出实际的价值，对不能使用的固定资产进行报废处理。

（三）按资产分类属性选择折旧方法

高校固定资产种类多且齐全，而固定资产的功能用途和使用的具体情况都有所差异，选取哪一种折旧方法需要考量固定资产的种类属性和可见损耗、无形损耗影响的方式和进程，也要考虑时代进步、科技快速发展等其他因素，因此针对各类资产的折旧提出如下建议：

房屋及构筑物类固定资产，其使用年限长，通常情况下不存在无形损耗，在规定的使用期间内，它的价值可以认为等量均衡转移的，应该采取平均年限法；部分通用设备、专用设备中的耐用、低值、科技含量低的设备以及家具、装具用具等，其提供的效用与功能随时间变动而改变并不明显，因而也适用于平均年限法。计算公式为：

本月需计提折旧=（会计核算规定的固定资产折旧基数÷规定的折旧年限）÷12　（7–1）

专用设备与通用设备中的部分设备，如电子设备、精密仪器等固定资产，该类资产技术含量高、使用寿命短，应采用双倍余额法。计算公式为：

$$本月需计提折旧=（会计核算规定的固定资产折旧基数\times 2\div 规定的预计使用年限）\div 12 \quad （7–2）$$

交通运输工具的资产价值与时间的推移的关系不大，其价值的损耗是与提供的工作量和其行驶的里程数紧密关联，甚至成反比，并且其工作量可以通过里程表易于计量，应采用工作量法。计算公式为：

$$本月需计提折旧=（本月行驶里程数\div 预计可行驶里程总数）\times 会计核算规定的固定资产折旧基数\times 100\% \quad （7–3）$$

（四）合理选择固定资产折旧年限

高校的房屋建筑物的种类多样，包含有钢筋混凝土结构、简易房、构筑物等，对钢筋混凝土结构，通常高校采取折旧参考年限应为 50 年，因为钢筋混凝土结构的房屋建筑物建筑标准较高、质量好，因而使用时间较长，而简易房、房屋附属设施、构筑物等折旧参考年限建议为 8 年，这是由简易房等其他形式的建筑物质量不如钢筋混凝土结构，故折旧参考年限比较短。

10 类通用设备中，对于计算机设备与办公设备，高校折旧参考年限应为政策要求最低年限 6 年，一般计算机及办公设备使用频次高，磨损大，且随材料更新快，使用年限较短；电气设备、通信设备等建议按 5 年计提折旧，电器通信设备紧跟新材料与技术发展，对时限要求高因而选取政策规定的最短年限。

34 类专用设备中，非金属矿物制品工业专用设备、食品加工专用设备、饮料加工设备、粮油作物和饲料加工设备、环境污染防治设备 5 类专用设备建议折旧年限选择为 10 年，这几类设备使用的频次相对低，损耗低，因而选取的年限比较长，化学药品和中药专用设备、医疗设备、电工与电子专用生产设备、专用仪器仪表 4 类建议折旧年限为 5 年，这类设备均具有使用频次低但是设备更新速度快的特点，所以必须短期内折旧完，而体育设备、文艺设备 2 类采取的折旧年限也为 5 年，此类设备的使用频次高，损耗也高，故也需要较短的折旧年限。

家具、用具、装具类，按照文件要求，用具与装具折旧年限最低可以为5年，其中家具类中的学生用家具折旧年限建议选择5年，其余类别均可选择15年作为折旧年限，因为学生用家具常年都在使用，磨损大，故采取较短的年限。

（五）规范固定资产折旧计提分录

在执行《高等学校会计制度》时期，高校购入固定资产时，其分录为借方记“固定资产”，贷方记“非流动资产基金——固定资产”；计提折旧时其分录为借方记“非流动资产基金——固定资产”，贷方记“累计折旧”。折旧时分录应为借方记“业务活动费用 / 单位管理费用 / 经营费用 / 加工费用 / 在建工程”贷方记“固定资产累计折旧”。根据税法规定，通过经营活动所计提的折旧能够税前扣除，这也将进一步降低高校的经营活动成本。将教学成本与科研成本进行区分，在以后的学生成本调查中也能够真实反映学生的教育培养成本，同时在科研活动中能够对其科研进行绩效管理与绩效评价。对于各项活动进行区分，分别进行会计核算，更加符合会计的配比原则，也体现了成本管理理论中对成本的管理。

三、构建完备管理体系

（一）强化固定资产折旧管理意识

相关领导管理意识与重视程度直接关系到高校的资产管理水平，只有其意识到固定资产折旧管理的必要性与现实作用，才会制定相关管理制度并加以落实，从而保障固定资产折旧管理的物资储备与人才保障。在完善学校固定资产折旧管理的过程中，只有领导高度重视，师生自主践行，相关部门紧密配合，才会形成自觉维护固定资产完整安全、保值创收的资产管理意识。

（二）完善高校内外监督核查机制

高校固定资产的购买资金大多来自财政拨款，从本质上来讲，固定资产的所有者并不是高校，高校只是固定资产的使用者，而从“责任受托理论”来说，高校对固定资产的使用不但要接受内部的监督，更需要接受来自外部的监管。目前高校需要在规范更新制度文件的前提下，同步建立起内外部监督机制。一方面，应成立分管校领导下的资产监察小组，小组应由高校的审计处与监察处工作人员组成，并每年定期对固定资产进行抽查；另一方面，可以每隔两年聘请外部第三方独立机构对其固定资产相关工作进行绩效考评工作，并出具考评报告以供备查。高校完善内外部监督核查机制，对此次固定资产折旧管理工作有着现实作用。建立监督核查机制，能够为折旧管理提供监督机制保障，有序推进折旧管理工作。

（三）构建一体化信息管理系统

高校一般存在资产与财务两套管理系统，资产管理系统采用的是原教育部十六类分类标准，而财务系统则采用的是财政部的六大类分类标准，为应对资产折旧工作的信息化交互要求，资产与实验室管理处应更新资产管理软件，并根据《政府会计制度》中对资产折旧管理的要求，建立起两套系统内不同标准的逻辑勾连关系，实现固定资产折旧计提的信息化批量处理，同时优化资产的信息化管理，实现各业务部门皆可使用固定资产管理系统，而不再仅服务于资产管理和财务部门。同时，财务部门则应该根据《政府会计制度》要求对当前使用的财务软件进行配套升级，实现资产管理软件与财务核算软件的信息标准化交互，提升财务资产管理信息的可比性与可靠性。同时对财务软件的升级，也可以为后续核定教育成本、及时反馈学校的实际支出成本提供技术保障，这将为学校科学化决策提供更为准确的财务数据。

（四）建设人才梯队

首先，应对资产管理人员、财务核算人员以及监察审计等组成的专业清查小组开展系统、完整的培训工作，提升其业务水平，确保实务操作能真正落地，与现实工作相匹配；其次，为应对资产管理人员不懂财务系统、财务核算人员不懂资产管理实操的现象，高校资产管理处与财务部门需要实行轮岗，将部分财务人员与资产管理人员相互调换，以适应固定资产折旧的要求；最后，高校应充分利用其人力资源，邀请校内相关教授学者与校外专家组成联合评估小组，对高校通用设备与专用设备中的“高精尖”及时进行评估，及时处理减值部分，做到资产账面价值的相对真实可靠，这能有效防范财务风险，降低无形损耗。

第三节　提高财务人员素质

在《政府会计制度》的实施过程中，新型财务工作模式对财务人员的综合素质提出了新的要求。高校应对财务人员的结构进行调整优化，保证财务人员的结构满足《政府会计制度》下工作模式的需求，同时应开展对高校财务人员的培训工作，使财务人员的相关专业技能和综合素质得到全方位提高。对财务人员的培训应采取多种方式进行，在培养财务人员的专业知识和专业技能的同时，提高高校财务人员对于财务管理工作的整体理解和对会计制度的了解，帮助财务人员转变财务管理工作的传统理念，理解新形势下财务管理工作的职责范围和工作重点。高校在进行财务人员招聘时应注意应聘人员的专业知识储备和专业工作经验，帮助高校寻找年轻的高水平专业人才，提高高校财务管理队伍的整体质量，保证财务管理工作水平。此外，高校财务管理工作中应对财务管理人员进行考核，对工作效率高、专业知识技能过硬的财务管理人员进行奖励，对工作过程中出现问题的财务管理人员追究其责任并加以惩罚，从而激发员工的工作积极性，提高财务管理工作质量。

一、打造内外兼修的财务人员培养模式

（一）内部人才培养战略

为提高高校财务工作各方面管控程度，满足教师职工对财务报账的需求，根据现存关键问题，应由财务部门主要负责领导、组织有关的人员接受教育培训。

1. 职能水平培训

高校财务核算工作人员应该根据《高等学校财务制度》以及财政部门、政府教育部门下发的相关政策指导财务核算工作。财务核算报账工作的重点是高度重视财务准确性审核工作，但是忽视其合理性监管职能，使得高校财务部门的管理功能没有正常发挥其作用，例如，在核算实验经费时，经常只是核对实验的材料和数量，而没有核对这笔经费所支出的材料的真实性和合规性。对于经费使用者来说，他们也缺少必要的培训与指导，易产生问题。

2. 服务水平培训

作为知识导向性单位，在高校财务工作运行管理中，专业技术与智慧劳动付出是主要的劳动形式。专业知识技能在整个劳动过程中发挥主要作用，是各大高校相互竞争和不断发展的源动力。服务水平是高校财务管理的核心与基石。若要充分保障高校财务部门工作效率，不仅需要专业知识扎实的技术人员，还需要高水平的管理人员，以提升工作队伍的合作能力、优化人力资源结构。

3. 网络技术培训

发挥高校网络预约报账的积极作用，需要努力发展网络技术，落实网络预约报账体系的操作制度。为了提高高校财务工作人员效率，财务管理部门需要对财务审核人员实施有效的指导教育，增强工作人员相关操作能力，可以快速、正确解决网络财务预约报账中出现的技术问题，节约报账时间，增强校内财务人员对信息安全重要性的认识。

4. 统一标准培训

高校应对财务人员进行定期培训，制定统一标准，使其形成专业意识，加强对财务法规的理解，从而增加业务办理效率。当财务工作人员面临相同的报账问题时回答应相同，业务处理结果应一致，避免出现多标准的情况，防止A不予办理的业务，B却允许通过的情况发生。根据各区域分散特点，规范统一会计业务操作流程，建立并完善核算监督规章制度长效运作机制，保证多校区模式下的统一核算标准和程序，确保合法、合规支出一路畅通，违法、违规的支出路路不通。

5. 职业道德培训

高校要做好职业道德教育，定期和不定期进行会计核算人员的道德操守、业务技能等方面的考核。

（二）外部强化宣传战略

高校师生和科研人员是财务报账的主流人员，高校在学校官网上公布财务报账的流程及相关政策，但大量学生忙于学习、教师忙于教学、科研工作者忙于科研，无法仔细阅读官网上的相关公告，导致报账人不懂流程的情况下去盲目报销，易出现报账人要往返多次才能完成报账的情况，浪费时间和精力，也因此而产生矛盾，导致效率降低。

此外师生经常在较长时间内积累票据，当下国家财经法规及政策更新频次较高，相对应的核算报销规定跟随发生变化，但有些高校财务部门在报账制度和报账流程的宣传工作不到位，有核算报账需求的师生在报账时往往根据过去的认知报账，没有及时地了解该类政策规定，导致财务部门需要多次地对报账师生进行讲解，财务部门本职工作因此被拖延，从而大幅降低报账效率，也会使报账教师和学生产生不满的情绪。

高校应该注重宣传，解决财务人员和报账师生信息不对称问题。长期以来，由于宣传人员能力不足、宣传方式墨守成规，政策变动不能快速下达到高校师生群体中，造成财务人员与报账师生之间信息不对称问题突出，增加财务工作人员与报账师生之间的交流困难，找出新型有效的政策宣传方式具有重要的现实意义。

在宣传中，应注意优化宣讲流程和水平，减少会计专业术语的使用，通过图文并茂的方式，推出生动形象的报账知识宣传形式，对每个步骤添加详细描述的图像，需要重点关注信息的标注，使报销程序简单易懂，确保师生在短时间内学会报账业务流程。

经验丰富的财务人员应定期去学院等有需求的单位给予专业指导，并定期向各部门汇报，以便收集意见和所有需求人员的建议，为教师和学生提供更好的服务。

二、重视高校财务人员的继续教育

高校财务人员的继续教育虽然具有财务人员继续教育的共性，即一般意义上的职业道德教育、业务能力教育以及服务意识教育等。但由于高校财务工作的性质，高校财务人员的继续教育必然具有其自身的特殊性。

（一）高校财务工作的特殊性

高校作为一种特殊的事业单位，其财务工作不仅具有事业单位财务工作的共性，而且具有自身的特殊性。同时，高校作为一个独特的经济体，与一般的企业单位相比，其财务工作也有自身的特色。因此，高校财务人员继续教育，就必须从高校财务工作的特殊性出发，有针对性地开展。作为特殊的事业单位，高校财务工作与其他事业单位和企业财务工作相比的特殊性在于，高校的财务管理工作更加复杂，环节更多，要求也更高。

1. 从资金来源的角度看

一般的行政事业单位资金来源主要是财政拨款，其他的资金来源所占的比重很小，资金来源结构比较单一。而高校的资金来源则相对比较复杂。具体而言，分为以下六个方面：

一是财政拨款，这个与其他事业单位基本相同。

二是学生的学费，这是高校除财政拨款之外主要的资金来源。

三是科研专项经费，是体现高校科技实力的重要的专项经费来源。

四是校友或企业赞助，这一部分的资金往往具有明确的用途和专门的要求。

五是银行贷款，这是高校发展的重要资金支持。

六是校办企业的盈利上缴，这一部分也是一些高校重要的资金来源构成。也就是说，除了财政拨款外，“收取学费、接受捐赠、合作办学、贷款等筹集资金”的多渠道资金来源成为高校经费构成的特点。

由此可见，仅从资金来源的角度看，高校财务工作就要比一般的行政事业单位复杂得多。与高校相比，企业的资金来源也要单纯得多。一般而言，企业的资金来源构成即股东投资、银行贷款、经营收入等。

2. 从日常财务核算的角度看

高校的财务核算工作也要复杂得多。一般的行政事业单位由于资金来源主要是财政拨款，其他收入较少，其日常核算只要收支平衡就行了，会计科目比较简单；企业财务核算比一般事业单位复杂，主要有：成本、费用核算，销售收入核算，税金、利润核算等，但其核算的科目与高校相比还是简单得多。高校由于资金来源的多渠道性、资金使用的多方向性，其核算的分工更细，门类更多，科目复杂得多。高校财务核算包括：行政事业费、教学事业费、人才引进支出、学科建设支出以及专项经费核算；进行科研经费的核算，而科研经费又分为横向经费和纵向经费；基本建设项目经费核算，新校区建设支出、教学项目建设等；进行校办企业资金的核算，而校办企业又分为科技企业、服务企业等类型，需要根据其业务性质不同进行不同的财务核算。这无疑使得高校的财务核算更加复杂和繁复。正是因为高校财务工作的这些特征和实际情况，使得高校财务人员的财务核算工作量远比其他单位要大，也要复杂得多。

（二）高校财务人员职责的特殊性

高校财务工作的特殊性，决定了高校财务人员职责的特殊性。与高校财务工作相对应，高校财务人员的职责主要分为三个方面，即事业经费管理的职责、科研经费管理的职责和校办企业资金管理的职责。

首先，作为高校事业经费的管理部门，高校财务部门是经费预算、划拨、管理与核算的核心部门。这就决定了高校财务人员在工作中既要具有很强的责任感，还要具有较高的业务素质和对政策的领悟和执行能力。可以说，高校财务人员是高校事业经费使用的谋划者、具体管理者和质量把关者，是保证高校事业经费合理、科学使用的关键因素。同时，高校财务人员还要担负着通过对事业经费日常管理与核算工作，总结高校的经费使用数量与结构等情况，并有针对性地作出经费使用与结构优化分析，为高校管理层的决策提供参考。

其次，作为高校科研经费的管理部门，高校财务部门是科研经费使用的管理者、监督者和指导者。高校财务人员在高校教师申报科研项目时的经费预算、科研过程中的日常科研经费支出以及科研结束时的科研经费决算等环节都负有重要的管理与指导职责。这就要求高校财务人员不仅要具有较高的预决算业务能力，而且要熟练掌握各级政府、企业和高校的科研政策与经费使用规定。科研经费的管理是否科学不仅关系高校科研工作能否顺利开展，而且关系高校科研环境的改善与科研水平的提高。高校财务人员科研经费管理水平直接关系高校科研经费的使用效率。

最后，高校财务部门是高校校办企业资金的管理者。虽然校办企业具体的资金管理方法各有差别，但毋庸置疑，高校的财务部门始终是校办企业资金使用的监督者和指导者。校办企业作为高校的产业，日益成为高校增加办学经费、提升社会影响的重要途径，也是高校财务管理工作的重要内容之一。高校校办企业的经营状况、资金流转和盈利能力和水平，都要置于高校财务部门的监管之下。这是校办企业与社会企业的重要差别之一。对校办企业资金的监督与管理工作，要求高校财务人员不仅要熟悉企业经营的基本流程，熟悉有关的法律法规，更要熟悉企业财务工作的规范和要求，以便能够科学指导校办企业的运行，提高校办企业的经济效益与社会效益；还要熟悉高校与校办企业相关的投资政策、财务政策和管理政策，以贯彻高校的产业发展规划和管理目标，实现对校办企业的有效监管。高校财务人员对校办企业财务工作的监督与管理，是保证校办企业良性运行、防止校办企业管理层的腐败以及提高校办企业的管理水平和盈利能力的重要条件和基本前提。

（三）高校财务人员继续教育的特殊性

同样是继续教育，高校财务人员的继续教育与一般事业单位和企业财务人员的继续教育相比，具有鲜明的特殊性。高校财务人员的继续教育应该体现出高校财务人员工作的特殊性，具有针对性。

高校财务人员继续教育的要求更高。由于高校资金的门类繁多，涉及面广，使得高校财务人员的继续教育不能停留在一般教育的水平，而是要有更高的要求。其一，高校财务人员对道德素质的要求更高，不仅要有更高的政治觉悟和严格的职业道德要求，而且要熟悉国家行政事业管理政策、科研政策和企业法规，要在职业道德上有更高的自觉性与自律性。其二，高校财务人员对业务素质的要求更高，不仅要熟练掌握一般的会计准则、法规和技术等业务素质，还要综合掌握政府的事业经费管理流程、科研经费的管理流程以及企业资金的管理流程以及与之相关的技术等综合素质。其三，高校财务人员对服务意识的要求更高，为高校的日常事务、教学辅助提供高效合理的管理和服务，通过对各项经费和资金的管理为高校的领导提供决策服务，为高校的科研提供高效科学的经费使用与政策指导服务。这就决定了对高校财务人员的继续教育必须与高校对财务人员的要求一致，高标准、高要求、有针对性地进行相应的继续教育。

其次，高校财务人员继续教育内容上的特殊性。高校财务人员与其他财务人员相比，由于其工作环境和管理对象的特殊性，决定了对其继续教育的内容应该更有针对性。高校财务人员的继续教育，不能只停留在一般的会计准则、法规与会计业务以及一般会计职业道德教育的基础上，而是以此为基础更有针对性地开展与高校财务工作相联系的教育。具体而言，高校财务人员的继续教育的内容至少应该包括以下三个方面：第一，国家和各级政府的教育政策和科研政策的教育，尤其是与高校发展和管理相关的法规和政策的教育。第二，综合业务能力的培训。高校财务工作的特点，决定了高校财务人员不能只熟悉某一个领域的技能，虽然不能要求高校财务人员熟练掌握所有领域的技能，但至少要做到“一专多能”，能够顺畅地进行不同领域之间的管理工作的协调，从而更有效地进行财务工作。第三，科研能力的培训。由于高校财务人员的主要服务对象是高校的教师和学生，同时，高校财务人员能够经常接触学术研究的前沿，尤其是综合类大学的财务人员更是会接触到财会与经济管理方面的最新成果，这不仅对他们提高自身的业务水平提出了要求，而且为他们提升自身的科研能力提供了机遇。因此，科研能力方面的培训就成为高校财务人员继续教育的应有之义和重要内容之一。

最后，高校财务人员继续教育形式上的特殊性。高校财务人员继续教育的形式可以根据实际情况实现多样化。由于高校财务人员工作及其继续教育内容上的特殊性，决定了高校财务人员的继续教育不能只采取每年一次的集中培训这一种形式。这种培训只是一种普及性培训，不可能也没有条件具有针对性，更不可能凸显出高校财务人员继续教育的特殊性。因此，高校财务人员的培训和继续教育应该以集中培训为基础，根据其自身的特点多形式地进行，如举办研讨班，聘请有关专家、教授、知名学者和会计学博士讲授当前高校新的财务报告体系以及有关的方针、政策，交流各地改革的经验、信息等，还可以组织相关人员参加专业性的学术研讨会以及到其他高校参观学习和进行同行间的业务交流，也可以鼓励并支持有发展潜力的财务人员和有学习要求的年轻财务人员参加各种层次的学历教育以提高财务人员整体素质。

第四节　加强财务预算管理

财务预算管理工作是高校财务管理工作中的一项重要环节，应该充分结合高校实际发展计划对各个项目进行预算，结合其结果制订相应的财务收支计划，通过数据信息为高校会计核算和财务管理工作提供一定的参考。对高校财务预算的流程应进行充分的规范，使其符合相关会计制度的要求，同时应制定有效的预算统筹机制，保证经费预算与工作计划契合一致，满足各部门的合理资金需求。财务部门可以建立财务信息管理平台，协助处理财务预算管理工作中的大量数据信息，提高工作效率和数据的准确性，同时应对预算工作进行监督，保证财务预算工作的准确性，为后续的会计核算工作建立良好基础。财务预算工作应保证对教育资金的有效利用，对预算结果进行强化审核，同时加强对资金流动的监管，保证教育资金得到合理运用。

一、高校财务预算管理体系构建的基本模式

在整个高校财务预算管理中，绩效评价发挥着重要作用，若缺乏绩效评价机制，那么高等学校的财务预算管理体系就是不健全的，而且真正应用功能也不能得以体现。

在进行高校财务预算管理体系设计时，要一直将绩效评价作为向导，用绩效评价指标体系来考核执行的效果。该体系的基本模式可简要描述如下：

确定绩效目标是实施绩效评价的基本前提。在编制预算之前，各部门编

制预算的基础就是明确进行预算编制的各部门最终要实现怎样的绩效目标，这同时也指导着各部门明确使用怎样的方法才可以尽量地实现自己的预期目标，并按照相应的实施方案，对各项收支预算进行确定。

在执行预算时，对绩效目标进行对比分析，分析执行情况，发现存在的问题，从而使各项支出预算的基本方向得以保证。

最后结合各预算执行部门的绩效目标，来考核各部门最后的绩效成果，并对预算执行结果进行绩效评价，使约束各部门编制与执行预算过程中的盲目性、随意性得到控制。

二、高校财务预算管理体系的作用

预算管理是高等学校财务管理工作的组成部分之一。预算管理体系的健全与完善可以保证高等学校顺利地进行教学科研等日常工作，有效促进高校事业和谐发展。财务预算管理体系可以发挥如下作用：

（一）对学校各部门的预期工作目标进行明确引导

高校财务预算管理体系可保证学校日常工作顺利进行，高校财务预算的发展预示着高校各项事业的发展，对校内所有的预期工作目标进行明确，这些预期的目标彼此之间是紧密相连的。要求完成学校的各项目标主要是为了保证学校内部各部门要对本身的工作目标进行明确，使财务预算管理对学校合理安排各项事业计划任务起到积极的作用。

（二）加强高等学校的内部预算管理

基于国家的法律法规，根据高等学校的自身情况建立一套合适的财务预算绩效评价体系可以促进高校实施有效的预算管理，如限制人员经费支出、规定公用经费支出额度，并制定相应新的管理制度，对高校实施有效的内部控制。所以说，构建高校财务预算管理体系是维持学校内部经济工作运行秩序的有力保证。

（三）全面反映高校财务收支情况

高校财务预算反映了学校资金收入和资金支出情况，保证了学校教学科研等日常工作得以顺利进行，使财务管理的职能如计划职能与控制职能得以充分发挥。根据预算管理评价体系，对财务预算执行过程进行监督控制，并对高等学校事业的完成情况进行监督，及时发现存在的问题，通过有效补救方案，确保高校各项工作的顺利完成。

三、高校财务预算管理体系的组织机构

高校财务预算管理的组织机构通常由预算管理委员会、日常预算管理部门和预算执行部门三个部门组成。

（一）预算管理委员会

高等学校财务预算管理组织机构的最高权力机构是预算管理委员会，其主要由高等学校的校领导与有关单位的专业人员组成，其主要具有如下职责：一是对和预算管理有关方针政策以及法律法规进行贯彻实施；二是明确高等学校的财务预算编制要求、高等学校未来的总体规划以及各单位的预算绩效目标；三是对与高等学校财务预算管理相关的规章制度进行审查与批准；四是对高等学校财务预算支出申请草案进行审查与批准；五是对高等学校财务预算执行情况进行有效的监督，对高等学校财务预算执行过程中的调整方案进行审查与批准；六是对高等学校财务预算绩效评价的结果进行审查。

（二）日常预算管理部门

学校财务预算管理常设机构是日常预算管理部门，从属于预算管理委员会，主要职能是对日常预算管理事务进行管理。一般以财务部为中心，通过有关部门的协调配合而对日常预算管理事务进行管理，从而保证预算管理系统顺利运行。日常预算管理部门主要具有如下职责：其一，对资料进行收集，对各部门申请的预算拨款进行审核，并汇总编制预算草案；其二，按照

上级主管单位对财务预算的要求，对校内财务预算进行编制，根据所掌握的事权与财权而将高等学校的财务预算分配至各相关责任部门，进行责任预算管理；其三，对各部门的具体财务预算方案进行审核；其四，根据高等学校总体发展情况并与相关单位分析讨论调整所提交的财务预算；其五，根据校长办公会的要求以及相关必要程序对年度财务预算进行调整；其六，定期将财务预算执行情况报告给上级主管部门与学校；其七，年终对各部门的财务预算执行情况进行全面的分析与绩效评价。

（三）预算执行部门

高校预算执行部门就是预算责任中心。高等学校预算管理体系的核心是财务预算执行部门，各相关部门的责任中心直接执行预算。预算执行部门的主要职责如下：其一，以学校要求为出发点，根据本部门的实际情况，向上级报告本部门年度财务预算建议；其二，根据“量入为出”原则对本部门的财务预算进行细化，对本部门的具体预算方案与每月经费使用计划进行编制并上报；其三，按照高等学校的事业发展状况，在本年度内确需对预算进行调整的，应将预算调整建议如实地向上级报告，按学校的规定程序如实报批。

四、财务预算的编制

可按照不同的性质将高等学校财务分成不同的种类，在对财务预算进行编制的过程中，按照不同种类来对高等学校财务预算进行编制。

（一）高等学校财务预算根据内容分类

根据内容可将高等学校财务预算分成两类，即收入财务预算与支出财务预算。收入财务预算是指高等学校在预算年度内利用多种方法将所有非偿还性办学资金纳入收入计划，其主要有以下几种：其一，上级部门的补助收入与各级政府的财政补助收入（主要有教育经费拨款、科研经费拨款以及其他经费拨款等）；其二，事业收入，其指的是学院在进行教学、科研以及其他一些活动获得的收入，主要有住宿费、学费、科技咨询费、科研服务和协作费以及进行其他一些教学活动所获得的收入；其三，经营收入，其指的是除学院所获得的教学、科研以及其他一些活动收入以外，进行非独立核算经营活动获得的收入，主要是培训班等所获得的收入；其四，附属单位上缴收入，主要指的是根据相关要求学院附属独立核算部门缴给学院所获得的收入，例如校办企业所获得的利润等；其五，其他收入，这些收入主要指的是除以上收入外，所获得的利息收入、投资收益以及捐赠收入等。

支出预算指的是高等学校各学院在预算年度之内从事科研、教学、自筹建设以及其他一些事务的经费支出安排。支出预算主要有以下几种：其一，事业支出，主要指的是高等学校进行科研、教学与其他一些事务所产生的经费支出，主要表现在反映事业效果的支出；其二，经营支出，主要指的是高等学校在校内事务之外从事非独立核算经营活动所产生的经费支出；其三，为附属单位提供的补助，主要指的是高等学校将财政补助之外的经费补助给附属单位所产生的经费支出；其四，自筹基建支出，主要指的是高等学校将财政补助之外的经费用于基建所产生的经费支出。

（二）高等学校财务预算根据性质分类

根据性质可将高等学校财务预算分成两类，即经常性预算与专项预算。经常性预算主要是指高等学校按照学校的发展规划对教学、科研收入与支出进行的预算编制。经常性收入包括以下几种：其一，财政补助收入（不含专项拨款），主要是指高校同级财政部门根据学校核定预算以及经费领报关系而转入的拨款或者上级主管部门转拨的经费，主要有教育与科研经费拨款以及其他一些拨款；其二，事业收入（不含专项事业收入），主要指的是高校进行教学、科研等专业性事物与其他一些事物而获得的收入，主要有教育与科研事业收入。高校经费的来源主要是上级政府提供的财政补助与从事事业活动所获得的收入；其三，经营收入，主要指的是除进行教学与科研外，高校从事非独立核算经营活动而获得的收入。经营收入对高校财政收入起到很重要的补充作用。

以上三类收入制约着高等学校的教学与科研活动支出，通常应该在经常性收入预算范围内来编制其经常性支出预算。专项预算主要是指高校通过特定途径获得的，特定项目或者特定方面才可以对其进行使用的专项经费预算。对于专项预算高等学校财务管理者一定要根据提供投资者的要求进行预算编制，为每一个特定项目建立一个专业账户对其进行核算，并按照一定的原则即“专款专用”来使用经费。根据特定项目具有的现金流量特点以及时间分布状况，在未来现金流量比较稳定的条件下，专项预算能通过负债资金来使收支水平达到动态平衡。选择合理的预算编制程序对预算编制准确性以及完整性的改善具有重要的意义。

（三）高等学校预算编制

高等学校内部可根据“上下结合”的编制程序进行预算编制。

1. 收入预算编制程序

首先，按照预算年度的总体概况对高等学校的收入总预算进行确定。

其次，按照高等学校的收入预算而将经费分配给各个部门，对各部门的收入预算进行编制。

最后，将学院财务预算收入作为基数，根据学校决议通过的管理费率而对各部门的财务预算收入进行确定。

收入预算为高等学校编制财务支出预算提供了根据，高等学校财务预算年度总支出不能超出收入预算。根据事权和财权相统一的原则，分配财务预算总收入之后便得到各部门财务预算收入，部门财务预算收入又制约着各部门财务预算的年度总支出。

2. 支出预算编制程序

首先，高等学校预算管理委员会按照年度发展规划、发展需要以及财务预算收入总额来对财务预算控制数与财务预算所要达到的绩效目标进行确定；

接着分解财务预算绩效目标，明确各执行部门应该实现的财务预算绩效目标。

其次，高等学校制定预算绩效目标，各部门按照这一目标并考虑本部门实际的工作安排，起草本部门的编制预算并上报给日常预算管理部门。

再次，日常预算管理部门对各部门上报的编制预算进行审核、分析与汇总，从而起草学校编制预算，并上报给预算管理委员会。

最后，预算管理委员会对其进行审议，批准之后开始实施预算方案。

预算编报通过“上下结合”的程序，可使高等学校预算的科学性以及准确性得到提高，学校、财务处以及各单位之间可以进行信息交流，就有关情况进行认真沟通与讨论，从而更切合实际地制定预算方案，在预算执行时也有据可依。

五、财务预算的调整

（一）预算调整的界定

预算调整指的是财务预算经高等学校审议批准后在预算执行过程中由于一些原因要增加支出或减少收入，改变了经审议批准的原有收支平衡预算总额，总支出比总收入大；或经审议批准的原有财务预算中增加了举借债务，从而改变了财务预算收支指标。预算调整主要表现为追加或者追减财务预算，在执行财务预算的过程中因为一些特殊原因而造成的追加或者追减财务预算，这不仅是正常的而且是非常有必要的。然而追加支出应该对应有增加收入，追减收入应该对应有减少支出。高等学校在执行财务预算的过程中本年度实际收入大于预算的部分应该结留以备下年度运用。若因急需要使用这些多余的收入，则应该将其看作预算调整。高等学校在执行财务预算的过程中，因中央财政返还或者补助经费而产生的收支总体规模的改变不能视为预算调整。为了使财务预算的稳定性得以确保，仅当审议批准的原有平衡预算发生了支出超过收入或者原有举借债务规模被超越的情况下，才可以进行财务预算调整，通常条件下不应该随便对财务预算进行调整。

（二）预算调整的程序

高等学校财务预算调整程序如下：对必需的预算调整，各执行财务预算的单位要起草预算调整方案，然后按照经费量，经规定的程序将调整方案上报给预算管理委员会，预算管理委员会对其进行审查与批准。批准没有通过的，不能对财务预算进行调整。各单位不能在没经批准的情况下私自对财务预算进行调整。财务预算调整要经过如下程序：一是，学校财务处分析调查报告收入、支出项目及额度增减变动原因并将汇总报告上交；二是，预算管理委员会对预算调查意见进行分析和讨论并最终确认；三是，根据预算调整的额度确定由分管财务校领导审批或校长办公会议讨论决定；四是，执行新预算。

六、财务预算执行的控制

（一）预算执行

预算执行是指将计划变为行动的一种方式，主要是指经过相关的法定程序审查和批准的预算，在具体实施的过程中，将预算由计划变为现实，形成一种具体的实施步骤。因此，预算执行也是完成预算收支任务中十分关键的步骤，更是整个预算管理的中心环节。在预算执行过程中，主要包括内部控制和自我控制两种方式，其中前者是指在预算执行过程中是上级对下级的一种控制，而后者是指每一责任单位对自身预算执行的一种控制和把握。预算执行过程中仍然需要注重如项目管理、数量管理、金额管理等一系列的系统管理方法，还要及时检查预算执行的效果。

（二）决算审计

决算审计也是项目审计十分重要的组成部分，是指项目在正式竣工验收之前，由审计人员依法对项目竣工决算的正确性、准确性、合法性以及经济效益、社会效益等进行客观的评价、分析、评估。

（三）高校财务预算执行与决算审计背景及价值分析

1. 背景分析

高等学校财务预算执行与决算审计的重要性日益凸显，主要基于以下背景因素：

（1）教育体制改革的深化

我国高等教育正面临着教育体制改革的深化和市场化程度的提高。在这一背景下，高校财务预算的合理执行和决算审计成为确保高校财务管理的重要环节。

（2）法律法规的制定与实施

《中华人民共和国预算法》和《中华人民共和国审计法》等法律法规对高校财务预算的执行和决算审计提出了明确要求。这为高校建立健全的预算执行与决算审计制度提供了法律依据。

（3）内部审计工作规定的出台

国家教育委员会发布的《教育系统内部审计工作规定》进一步规范了高校的内部审计工作，要求高校进行财务预算执行与决算审计，并加强内部审计机构的建设与运作。

2. 价值分析

（1）促进财务管理的合理发展

预算执行与决算审计的实施，有助于推动高校财务管理的科学发展。通过对预算执行和决算情况的审计，可以及时发现和纠正财务管理中存在的问题和不合规行为，促进财务管理的规范化和透明化。

（2）提升资金分配的合理性

预算执行与决算审计活动的开展，能够促使高校更加科学地进行资金的分配与运用，避免资源的浪费和滥用。通过审计结果的反馈和监督，高校可以及时调整资金分配策略，优化资源配置，提高财务管理的效益和效果。

（3）强化财务监管和风险控制

预算执行与决算审计有助于加强对高校财务活动的监管和风险控制。审计机构的介入和审计程序的执行，可以发现潜在的财务风险和违规行为，提醒高校管理层采取相应的措施，加强财务监督与管理，确保财务活动的合规性和稳健性。

（4）提高高校的经济效益和社会声誉

通过做好预算执行与决算审计工作，高校能够提高其经济效益和社会声誉。通过合理执行预算和规范决算程序，高校可以有效控制成本、提高资源利用效率，从而实现财务目标。同时，透明的财务管理和规范的决算审计可以增强高校的信誉和声誉，吸引更多的资金投入和合作伙伴，进一步推动高校的发展。

（5）加强内部管理和决策支持

预算执行与决算审计为高校提供了重要的内部管理和决策支持工具。通过审计结果和意见，高校管理层可以及时了解财务运行情况，发现问题并采取相应措施进行改进。审计报告和建议也为决策者制定更科学合理的财务决策和战略规划提供了依据，推动高校的可持续发展。

总而言之，高校财务预算执行与决算审计的背景和价值分析表明，做好预算执行和决算审计对于高校的财务管理和发展具有重要意义。它有助于促进财务管理的合理发展、提升资金分配的合理性、强化财务监管和风险控制、提高高校的经济效益和社会声誉，同时也加强了内部管理和决策支持，推动高校实现可持续发展的目标。因此，高校应高度重视预算执行与决算审计工作，建立健全的制度和机制，确保其有效实施。

第五节　完善财务管理保障机制

一、建立良好的高校财务管理机制

建立良好的高校财务管理机制对于保障财务管理的规范性、透明性和高效性具有重要意义。

（一）加强财务管理规章制度建设

1. 制定财务管理制度

建立全面、科学、系统的财务管理制度，包括财务预算、会计核算、财务报告、内部控制等方面的规定，明确各项财务管理的流程和要求。

2. 完善财务管理流程

建立标准化的财务管理流程，明确各环节的职责和权限，确保财务活动的规范性和合规性。

3. 建立内部控制制度

建立健全的内部控制制度，包括财务管理、资产管理、风险管理等方面的规定，确保财务活动的安全性和有效性。

4. 加强财务管理的监督和审计

建立定期的财务监督和内部审计机制，对财务活动进行监督和审计，发现问题及时纠正，保障财务管理的规范性和合规性。

（二）推进财务信息化建设

1. 建立财务信息系统

引入先进的财务管理信息系统，实现财务数据的集中管理、自动化处理和实时报告，提高财务信息的准确性和时效性。

2. 加强财务数据管理和分析能力

培养财务管理人员的数据管理和分析能力，提高财务管理人员对财务数据的理解和运用，实现数据驱动的决策和管理。

3. 提升信息安全保障能力

加强财务信息系统的安全保障措施，防止财务数据的泄露和篡改，确保财务信息的机密性和完整性。

（三）加强人员培训和能力建设

1. 培养财务管理专业人才

加强对财务管理人才的培养，注重其财务专业知识和技能的提升，使其具备应对复杂财务管理工作的能力。

2. 提升团队协作和沟通能力

培养团队协作和沟通能力，加强与其他部门的合作和协调，形成高效的财务管理团队。

3. 不断学习和创新

财务管理人员应不断学习和更新财务管理知识，关注行业动态和最新的财务管理理念，积极参与行业交流和培训活动，不断提升自身的专业水平和能力。

（四）加强监督和评估机制

1. 建立有效的监督机制

设立独立的监察机构或委员会，负责监督和评估财务管理的执行情况，发现问题并提出改进措施。

2. 进行定期的绩效评估

建立绩效评估制度，定期对财务管理工作进行评估和考核，根据评估结果进行优化和改进。

3. 加强内外部监管和审计

接受内外部审计机构的审计和监督，确保财务管理的透明度和合规性。

（五）加强沟通和信息共享

1. 加强内外部沟通

建立与校内各部门、校外相关机构和政府部门的沟通渠道，及时交流和共享财务管理信息。

2. 提供及时、准确的财务报告

定期发布财务报告，向校内外相关方提供及时、准确的财务信息，增强透明度和信任度。

3. 加强校内信息共享

建立财务管理信息共享平台，促进校内各部门之间的信息共享，提高整体财务管理水平。

通过建立良好的高校财务管理机制，可以实现财务管理的规范性、透明性和高效性，保障资金的有效使用和安全管理。这需要加强财务管理规章制度建设、推进财务信息化建设、加强人员培训和能力建设、加强监督和评估机制、加强沟通和信息共享等方面的努力。高校应根据自身特点和需求，不断完善和创新财务管理机制，为高校的可持续发展和稳定运营提供坚实的保障。

二、高校资金管理制度建设与创新

资金管理是高等院校财务管理的核心内容之一，对于高校的可持续发展和有效运营具有重要意义。为了优化资金使用效益、加强财务监管合规性、提升财务管理效率等方面，高校需要进行资金管理制度的建设与创新。

（一）重要性

1. 提高资金使用效益

资金管理制度的建设与创新可以有效提高高校资金的使用效益。通过合理规范的资金管理流程和准确的会计核算，高校可以实现资金的科学配置和精细管理，确保资金用于教学、科研、设施建设等重点领域，提高投入产出比，优化资金使用效果。

2. 加强财务监管和合规性

资金管理制度的建设与创新有助于加强对高校财务活动的监管和合规性管理。通过建立规范的资金管理流程、完善的审批和审计制度，高校能够有效监控资金的流向和使用，防止财务违规行为的发生，确保财务活动合法、透明、规范。

3. 提升财务管理效率

优化资金管理制度可以提高财务管理的效率。通过建立标准化的财务管理流程、完善的内部控制机制，高校可以简化财务操作流程，提高财务处理的速度和准确性，降低出错和重复工作的风险，提升财务管理的效率和工作质量。

4. 保障国有资产安全

高校作为国有资产的管理者，资金管理制度的建设与创新有助于保障国有资产的安全和有效利用。通过建立健全的资产管理制度、加强对固定资产的折旧和维修管理，高校可以确保国有资产的完整性、增值和保值，避免国有资产的流失和损耗。

（二）目标

1. 建立科学的资金管理制度

高校需要建立科学合理的资金管理制度，包括预算编制、资金使用、资金监管、会计核算等方面的规定和流程。制度应根据高校的特点和需求进行定制，旨在提高资金使用效益、加强财务监管和合规性、优化财务管理流程。

2. 强化内部控制机制

高校资金管理制度的建设需要强化内部控制机制，确保财务活动的合规性和风险控制，包括建立审批制度、审计机制、风险评估和防范机制等，以减少财务违规行为和风险事件的发生，提升财务管理的规范性和可控性。

3. 完善财务信息系统

高校需要借助信息技术手段，建立完善的财务信息系统，实现财务管理的数字化、网络化和智能化。通过信息系统的应用，可以提高财务数据的准确性和时效性，方便高校管理层进行决策和监控。

4. 提升人员素质与能力

高校资金管理制度的建设需要提升财务管理人员的素质和能力，包括财务专业知识和技能的培训，提高财务人员对资金管理制度的理解和应用能力。同时，高校还应注重团队协作和沟通能力的培养，以便更好地协调各部门间的财务管理工作。

（三）策略

1. 制度创新与改进

高校应根据实际情况，进行资金管理制度的创新与改进。通过总结和借鉴其他高校和行业的实践经验，结合高校自身特点和需求，建立适合自己的资金管理制度，不断优化和改进制度，以适应时代发展和高校需求的变化。

2. 加强信息化建设

高校应加强财务信息系统的建设，推动财务管理的信息化和数字化。通过引入先进的财务管理软件和技术工具，实现财务数据的集中管理、自动化处理和准确报告，提高财务管理的效率和准确性。

3. 强化内部控制与风险管理

高校应加强内部控制机制的建设，包括建立严格的审批和审计制度，加强对财务活动的监督和审查，建立风险评估和防范机制，及时识别和应对潜在的财务风险。

4. 注重人才培养与队伍建设

高校应注重培养财务管理人员的专业素养和能力。通过组织培训、进修和学习交流等方式，提升财务管理人员的知识水平和技能，使其具备适应新时代要求的能力和素质。

5. 加强沟通与合作

高校各部门间应加强沟通与合作，形成合力推进资金管理制度建设与创新。财务部门应与教学、科研、行政等部门密切合作，共同制定和执行财务管理政策，共享财务信息，实现财务管理的整体协调和优化。

通过完善财务管理保障机制，高校能够提高资金使用效益、加强财务监管合规性、提升财务管理效率，从而为高校的可持续发展和稳定运营提供坚实的保障。高校应以制度创新与改进、信息化建设、内部控制与风险管理、人才培养与队伍建设以及沟通与合作为主要策略，逐步完善高校资金管理制度并实施创新。

参考文献

[1] 刘晓彤 . 浅谈高校新会计制度带来的挑战及实施策略 [J]. 中国管理信息化，2019（22）：37–38.

[2] 刘奕孜 . 浅析新形势下提高高校财务管理水平的策略 [J]. 现代营销（经营版），2019（12）：175.

[3] 罗丽丽 . 政府会计改革背景下高校财务管理创新思考 [J]. 现代营销（经营版），2019（12）：180.

[4] 戴建青，张骞 . 大数据视阈下的高校科研经费精准管理研究 [J]. 会计之友，2019（8）：135–138.

[5] 高珊珊，刘俊贵 . 科研项目人员经费改革：发达国家的经验与启示 [J]. 财政监督，2018（18）：82–89.

[6] 黄艾 . 英、美、中三国科研经费管理对比分析及启示 [J]. 会计之友，2018（21）：25–28.

[7] 姚俊生，袁仁森 ."放管服"背景下高校科研经费管理流程优化研究 [J]. 会计之友，2019（8）：139–146.

[8] 赵立雨，娄俊婷 . 科研经费管理的国际比较及对中国的启示 [J]. 自然辩证法通讯，2019（7）：108–116.

[9] 籍婷婷 ."互联网 +"视域下我国高校财务管理研究 [D]. 哈尔滨：哈尔滨师范大学，2018.

[10] 苗雷 . 信息化背景下的政府财务流程再造 [D]. 北京：北京邮电大学，2018.

[11] 李丹 . 中国高校财务制度研究 [D]. 长春：吉林大学，2019.

[12] 李万强 . 高等院校财务管理体制研究 [D]. 咸阳：西北农业科技大学，2018.

[13] 迟永慧 . 我国高等学校投融资改革研究 [D]. 北京：对外经济贸易大学，2016.

[14] 张妙延 . 我国民办高校融资问题研究 [D]. 吉林：吉林大学，2015.

[15] 饶燕玲 . F 商业银行客户满意度提升研究 [D]. 南昌：江西财经大学，2019.

[16] 魏莹 . 事业单位服务型内部审计研究——以 GL 研究所为例 [D]. 哈尔滨：哈尔滨商业大学，2019.

[17] 王念 . 高校财务管理工作流程的优化设计 [J]. 生产力研究，2017（3）：145–147.

[18] 葛淳棉 . S 大学政府会计制度新旧衔接研究 [D]. 广州：华南理工大学，2019.

[19] 张功富，高敏 . 业财融合始于沟通 [J]. 财务与会计，2017（13）：67–68.

[20] 张庆龙 . 业财融合实现的条件与路径分析 [J]. 中国注册会计师，2018（1）：109–112.

[21] 李闻一，王嘉良，陈桢 . 基于“业财融合”的一体化管控——中石油湖北销售公司案例 [J]. 财会月刊，2015（28）：11–15.

[22] 郭永清 . 中国企业财融合问题研究 [J]. 会计之友，2017（15）：47–55.

[23] 梁勇，干胜道 . 内控建设背景下高校“业财融合”问题思考 [J]. 财会月刊，2018（13）：51–55.

[24] 谷利晓 . 业财融合在我国民办高校管理中的应用研究 [J]. 现代商贸工业，2018（36）：112–113.

[25] 杨会娟 . 信息化背景下业财融合的高校科研经费管理模式研究 [J]. 中

国管理信息化，2018（21）：45–49.

[26] 陆炜．“互联网 +”背景下高校财务管理流程再造的新思路 [J]. 现代商业，2017（33）：136–138.

[27] 陈鹏．“互联网 +”背景下高校财务管理模式的转型策略 [J]. 科技经济市场，2018（3）：43–45.

[28] 刘晓娟．基于财务共享服务视角的高校财务系统优化研究 [D]. 天津：天津大学，2017.

[29] 李晶．财务共享平台下企业财融合模式研究 [D]. 呼和浩特：内蒙古大学，2017.

[30] 李蕾 .H 高校固定资产内部控制优化研究 [D]. 西安：西安石油大学，2018.

[31] 马瑶，郑鑫．政府会计改革对高校财务管理的影响 [J]. 财会学习，2019（16）：39–41.

[32] 蔡雪辉．大智移云时代高校财务工作的挑战与创新 [J]. 会计之友，2018（24）：65–68.

[33] 刘艳梅．浅谈“互联网 +”财务管理在集团企业中的运用 [J]. 中国商论，2018（24）：18–19.

[34] 谢岗．互联网背景下的高校财务管理创新研究 [J]. 商业会计，2019（18）：105–107，76.

[35] 冯振权．新时期高校财务管理创新探索与发展研究 [J]. 当代会计，2020（23）：64–66.

[36] 陈雪琴．“互联网 +”背景下企业财务管理创新发展路径 [J]. 财会学习，2021（4）：60–61.

[37] 戴笑韫，王振宇．医院执行新政府会计制度的实施难点探讨 [J]. 财务与会计，2019（3）：67–68.

[38] 董志芸，赵青 . 双系统下固定资产科目核算差异分析——基于政府会计制度的视角 [J]. 会计之友，2019（12）：55–58.

[39] 郭小宁，罗水秀 . 高校会计制度与政府会计制度科目设置对比分析 [J]. 财会通讯，2019（4）：74–77.

[40] 桂俊煜 .《工会会计制度》的改革与完善——基于《政府会计制度》的影响 [J]. 会计之友，2018（13）：15–18.

[41] 葛玉林 . 政府会计制度下“平行记账”的探讨 [J]. 当代会计，2018（12）：9–10.

[42] 黄青山，郭瑞 . 政府会计制度下的高校教育成本核算 [J]. 会计之友，2019（5）：91–94.

[43] 黄茂娟 . 政府会计制度背景下基层医疗卫生机构财会制度改革分析与建议 [D]. 成都：成都中医药大学，2018.

[44] 黄绍军 . 我国现行政府会计制度缺陷与对策研究 [J]. 现代商贸工业，2008（4）：146–147.

[45] 和夫英 . 政府会计制度的意义主要内容及建议 [J]. 现代企业，2018（10）：54–55.

[46] 蒋文君 . 新《政府会计制度》对公立医院财务管理的影响 [J]. 经营与管理，2019（2）：125–127.

[47] 嵇建功 . 改革大潮中行政单位与事业单位的会计体系整合——最新政府会计制度研究 [J]. 现代商业，2019（7）：138–140.

[48] 李函 . 论新《政府会计制度》对事业单位会计核算的影响 [J]. 现代商业，2019（11）：163–164.

[49] 卢琎 . 政府会计制度下 X 高校固定资产计提折旧的应用研究 [D]. 太原：山西大学，2018.

[50] 李沁蔚 . 公立医院实施新政府会计制度的思考 [J]. 财会研究，2019

（1）: 35–37+52.

[51] 卢红磊 . 双体系下政府会计核算模式研究 [D]. 上海：上海社会科学院，2018.

[52] 马永义 . 政府会计制度中“平行记账”的原理与实务探析 [J]. 会计之友，2018（3）: 11–15.

[53] 潘佳佳 . 医院实施政府会计制度难点与应对策略 [J]. 卫生经济研究，2019，36（3）: 69–71.

[54] 孙倩 .《政府会计制度——行政事业单位会计科目和报表》存货核算 [J]. 商业会计，2019（1）: 30–34.

[55] 谭瑞娟 . 事业单位执行政府会计制度建立新账问题研究 [J]. 现代商业，2019（11）: 171–172.

[56] 汪雅琼，余青 . 政府会计准则制度下高校财务管理与资产管理工作探析——以房屋与构筑物资产为例 [J]. 教育财会研究，2019（1）: 43–47.

[57] 王晓丽 .《政府会计制度》与《医院会计制度》具体应用对比探讨 [J]. 山西财税，2019（5）: 55–60.

[58] 熊凌云，陆昊扬，袁业虎 . 政府会计制度改革视角下政府报表的比较研究 [J]. 会计之友，2018（13）: 19–23.

[59] 徐元元，田立启，陈新平，等 . 政府会计制度：医院会计实务与衔接 [M]. 北京：企业管理出版社，2019.

[60] 李娇萍 . 新形势下高校财务人员综合素质提升研究 [J]. 财会学习，2021（5）: 40–41.

[61] 关晓宁 . 提升高校财务人员综合素质的建议及措施 [J]. 科技资讯，2019，17（14）: 228+230.

[62] 马海国 .《政府会计制度》背景下高校财务核算体系的构建——基于会计报表视角 [J]. 江苏经贸职业技术学院学报，2022（1）: 19–21.